高等职业教育“十三五”规划精品系列教材

21世纪高职高专规划教材 · 旅游管理系列

旅游行程规划

旅行社计调业务实训教程

边喜英 / 编著

中国人民大学出版社
· 北京 ·

前 言

PREFACE

笔者 20 年前进入旅游企业的时候，有幸赶上国内旅行社的大发展时期，从导游、计调再到管理者，与国内旅行社的蓬勃发展相辅成长。后来离开旅游企业进入旅游院校，经历旅行社从数量到品质发展的转型阶段，笔者也从企业需求人才转为旅游教育培养人才。角色的转变使笔者愈加体会到教育对培养人才储备、推动行业发展的重要性。在 2015 发布的新版《中华人民共和国职业分类大典》中，旅行社计调作为新职业被纳入，这标志着“计调”职业身份在国家职业体系中首次得以确立。在新时代优质旅游的需求下，作为旅行社核心岗位的计调人员，其综合职业能力的高低对行业的规范优质发展尤为重要。

本书综合了笔者多年企业管理培训和旅游教育的经历，从学生认知能力发展的角度起草，针对岗位新手需要习得的基础知识、需要掌握的基本流程，再到业务能手需要规范的综合工作要求这三个递进阶段，分别以知识积累、任务分解、标准规范的形式展现，尊重职业教育人才培养规律，提高学生认知能力、合作能力、创新能力、职业能力等关键能力，在教学实践中培养学生职业道德、职业技能和就业创业能力，希望能帮助学生习得由基础到规范再到提升的循序渐进的计调业务工作技能。

本书包含三篇：第一篇“知识储备”是计调新手必须掌握的旅游行业基础知识和常用术语。计调人员作为旅游业务的“中枢神经”，协调旅游相关行业，必须了解和知晓相关行业常识，只有这样才能更好地合作。本篇搜集并筛选了外交部、领事服务网、出入境管理局及相关行业法律法规、标准等资料，为计调人员整理了从事本行业必备的术语和常识。第二篇“实训操作”主要以旅行社的单项业务以及周边游业务、地方接待业务、国内长线组团业务、出境业务的实际操作流程为脉络，以任务导入的方式，循序渐进地引导学生从陌生到熟悉计调业务操作流程。第三篇“规范提升”从各类旅游标准中提取相关资料整理而成，主要是为了提升计调业务的操作规范，提升旅行社服务质量和抗风险能力。

本书的完成有赖于多位师友的协助，在此衷心感谢为我提供研究平台的浙江旅游职业学院的领导和同事，感谢引我进入旅游教育行业的张建融教授，感谢郑州大学杜书云教授为代表的师长团队，感谢浙江、江西、上海等地区的旅游局委、培训中心和旅行社同仁为我的研究提供数据调研平台和资料。特别鸣谢杭州市旅游委员会开展的旅行社计调业务标准化试点单位的建设项目，让我有机会与代表性企业共同商讨旅行社计调业务标准化的推进，在此过程中，浙江省中旅旅业集团有限公司、浙江中青国际旅游有限公司、浙江游侠客国际旅行社有限公司给予了大力支持。感谢中国人民大学出版社的刘继方、张菲娜编辑对本书的出版给予的支持。

边喜英
2018 年 5 月

目　录
CONTENTS

第一篇　知识储备

第二篇 实训操作

第三篇 规范提升

第一篇 知识储备

情境一：

小张刚刚接触旅行社行业，在招聘网站上看到很多旅行社招聘计调岗位。小张非常好奇：计调是干什么的？想成为一名计调工作人员需要具备哪些基础知识？

第一章 旅游业常用术语

第一节 旅行社业

1. 旅行社行业分工体系

旅行社行业分工体系是指旅行社行业内形成的垂直分工（上下游业务分工）、水平分工（同一业务流程环节上的市场分工）和斜向分工（多元化的跨行业分工）体系。

2. 旅游经营商/旅游批发商

旅游经营商/旅游批发商是指根据对市场需求的了解和预测，大批量地订购旅游交通、旅游酒店、旅游目的地的旅行社、旅游景点等有关旅游企业的产品和服务，将这些单项产品和服务组合成为不同的包价旅游路线产品，并制作旅行社产品小册子，通过一定的销售渠道出售给旅游消费者的企业。

3. 旅游代理商/旅游零售商

旅游代理商/旅游零售商是指不制作包价旅行社产品，只销售批发商的包价产品和各类单项委托服务的企业。

4. 组团社

组团社是指与旅游者订立包价旅游合同的旅行社。

5. 地接社

地接社是指接受组团社委托，在目的地接待旅游者的旅行社。

6. 履行辅助人

履行辅助人是指与旅行社存在合同关系，协助其履行包价旅游合同义务，实际提供相关服务的法人或者自然人。

7. 旅游服务供应商

旅游服务供应商是指与旅行社签订合作合同，受旅行社委托向旅游者提供旅游具体服务的企业或履行辅助人，包括但不限于接待旅行社、旅游景区（点）、酒店、餐馆、商店、铁路、汽车公司、船运公司、航空公司等相关接待单位或个人。

8. 包价旅游

包价旅游是指旅行社预先安排行程，提供或者通过履行辅助人提供交通、住宿、餐饮、游览、导游或者领队等两项以上旅游服务，旅游者以总价支付旅游费用的旅游。

全包价是指含房费、综合服务费、交通费，以及专项附加费等的全部价格的包价旅游；小包价旅游是指要求旅游者预付的费用仅包括房费、早餐及旅行社的手续费，其他旅游费用在旅游过程中现付的旅游。

9. 单项预订服务

单项预订服务是指旅行社根据旅游者具体要求而提供的各种非综合性有偿服务，其内容非常广泛，常规性服务项目主要包括：导游服务、接送服务、代订票服务、代订酒店服务、代联系参观游览项目、代办签证、代办旅游保险等。

10. 自由行

自由行是指只向旅游者提供飞机票（汽车票或火车票等）加上酒店预订等业务的产品，对于出境旅游者一般还包括签证送签服务。

11. 外联业务

外联业务原指旅行社与境外旅行商的业务联络。随着旅游业的发展，现在的外联对象也包含境内客户，指具体从事旅行社产品营销工作，实现市场营销目的的旅行社主营业务。

12. 团体旅游

团体旅游是指通过旅行社和相关旅游服务中介机构，以旅游包价的形式，按照一定的旅游行程进行的有组织的旅游活动。

13. 散客旅游

散客旅游是指由旅游者自行安排旅游活动行程，或通过旅游中介机构办理单项委托业务，零星支付旅游费用的旅游形式。

14. 散客成团

散客成团是介于团体旅游和散客旅游之间的一种组团方式，旅游者分别从不同的地方来到旅游目的地后，再组成旅游团队。一般这类旅游团不设全陪。

15. 散拼团/同业拼团

按照组团社或旅游批发商之间的协议，将各自从门市部（门店、销售中心等）招徕到购买同一旅游目的地产品的旅游者，交由其中的一家旅行社作为组团社来负责组织和实施旅游接待计划。

16. 旅行社产品

旅行社产品是指旅行社向旅游者销售的以旅游吸引物、旅游设施、旅游服务和策划安排为主要构成的旅游路线、项目，以及配套服务。分为预制旅行社产品和定制旅行社产品。

17. 预制旅行社产品

预制旅行社产品是指由旅行社设计提供、事先制定的，预计计划人数、出发日期、路线行程及价格等，并用广告或其他方法招徕旅游者而实施的旅行社产品。

18. 定制旅行社产品

定制旅行社产品是指旅行社受旅游者的委托，根据旅游者的需求单独编排行程、报价并提供服务的专项产品及服务，或接待旅行社接受组团社或旅游批发商的委托，落实安排的旅行社产品。

19. 旅行社产品说明书

旅行社产品说明书是指旅行社为了招徕旅游者，用文本的方式对产品进行相对详细的表述。旅行社与旅游者签署正式旅游合同时，产品说明书的主要内容应作为旅游服务合同的附件。

20. 出团通知单

作为旅游者出行的详细说明，出团通知单是旅游合同的补充协议，须列明产品说明书中尚未明确的要素。例如：对无全陪的旅游者须告知旅游目的地的具体接洽办法和应急措施等。

21. 小费

小费是指旅游者对为其提供优质服务的人员表示谢意而自愿额外支付的赏金。

22. 回扣

回扣是指一些购物商店、社会餐馆和旅游景点，为报答旅行社将旅游团队带入其经营场所消费而给予旅行社或导游员的酬金，也称回佣或佣金。

23. 零（负）团费

零（负）团费是指组团社不向地接社支付综合服务费（甚至根据旅游团人数，按一定比例向地接社收取送团费用）的做法。

24. 切位

切位是指旅游批发商和航空公司或旅游列车协商，将某航班的固定数量机位或某列次的固定车厢进行每天打包销售，承担销售风险。这种合作方式不仅能保证旺季机票的预订，确保旅游者的顺利出行，还能获得较为便宜的机票价格。但这类机票、火车票不得改签、更改和退票。

第二节　交通业

一、航空

1. 民航运输的飞行方式

（1）班期飞行。班期飞行是指按照班期时刻表和规定的航线，定机型、定日期、定时刻的飞行。

（2）加班飞行。加班飞行是指根据临时需要，在班期飞行以外增加的飞行。

（3）包机飞行。包机飞行是指按照包机单位的要求，在现有航线上或以外进行的专用飞行。

2. 航空公司代码

航空公司的代码有两字代码和三字代码两种。两字代码是国际航空运输协会（International Air Transport Association，IATA）制定的，三字代码是国际民航组织（International Civil Aviation Organization，ICAO）制定的，二者都可以用来指代航空公司。简单来讲，行业对外部用两字代码，如机票上一般写的是两字代码，CA（国航）、MU（东航）；行业内部工作使用三字代码，管制员雷达上显示的飞机代号一般是三字代码，如 CCA（国航）、CES（东航）。航空公司代码见附录一。

3. 机场代码

机场代码全称为国际航空运输协会机场代码，由国际航空运输协会制定，由三个大写英文字母组成，故称“机场三字代码”，简称“三字代码”。机场三字代码见附录二。

4. 航班

航班是指飞机由始发站按规定的航线起飞，经过经停站至终点站或不经经停站直达终点站的运输飞行。在国际航线上飞行的航班称国际航班，在国内航线上飞行的航班称为国内航班。

5. 航班班期

班期是指航班的执行日期。例如：CA985 班期 12457 7MAR-31MAR，意思就是在 3 月 7 日—3 月 31 日，每周一、二、四、五、日会有 CA985 航班。

6. 航班号

为便于组织运输生产和区别管理，每个航班都按照一定的规律编有不同的号码，这种号码称为航班号。

我国国内航班号的编排是由航空公司的两字代码加四位数字组成的，航空公司代码由中国民用航空局编制和公布。后面四位数字的第一位代表航空公司的基地所在地区，第二位代表航班基地外终点所在地区，第三、第四位表示航班的序号，奇数表示由基地出发向外飞的航班，偶数表示飞回基地的航班。

国际航班号的编排是由航空公司代码加三位数字组成的。第一位数字表示航空公司，后两位为航班序号，与国内航班号编排规律相同，奇数表示去程，偶数表示回程。例如：MU508 航班，由东京飞往北京，是由中国东方航空公司承运的回程航班。

7. 代号共享

代号共享是指乘客在全程旅行中有一段航程或全程乘坐出票航空公司航班号但由非出票航空公司承运的航班。利用代号共享的安排，航空公司既可以满足航线扩张的需要，又无须投入巨额资金，还可以在不增加新的运力的情况下增加航班班次，提高航线质量，降低单位营运成本，提高市场占有率并使原有的竞争对手变成合作伙伴，优化经营环境。

代号共享的种类有完全代号共享和包座代号共享。

（1）完全代号共享是指共享航空公司和承运航空公司用各自的航班号共同销售同一航班，而不限制各自的座位数。

（2）包座代号共享是指共享航空公司和承运航空公司达成合作协议，购买承运航空公司某一航班的固定座位数，共享航空公司只能在此范围内用自己的航班号进行销售。

8. 飞机机型

大型宽体飞机：指座位数在 200 个以上的双通道飞机。

中型飞机：指载客数在 100 人以上、200 人以下的单通道飞机。

小型飞机：指 100 座以下的多用于支线飞行的飞机。

9. 支线飞机

支线飞机是指座位数在 50～110 个，飞行距离在 600～1 200 千米的小型客机。支线运输是指短距离的、小城市之间的非主航线运输。

10. 飞机舱级

飞机舱级一般分为经济舱、公务舱和头等舱三种，三者在机票价格、限制条件、机舱位置、服务标准、餐食标准、登机顺序、行李额度上都有区别。

头等舱一般设在客舱的前部，座椅尺寸和前后间距都比较大，长航线甚至会采用平躺式座椅，相对舒适。经济舱的座位设在从机身中间到机尾的地方，占机身四分之三的空间或更多，座位尺寸较小。公务舱介于前二者之间。大多数航空公司设有头等舱和公务舱的专用休息室和特殊通道；头等舱和公务舱提供的行李额度较大，乘客可以优先上机，餐食也较经济舱要丰盛。并非所有机型都设置有这三种舱位。

11. 机票种类

（1）普通一年期机票。通常称全价票，在签转、变更和退票等方面的限制很少，有限期为一年。购买普通一年期机票时无须指定航班，持票人如已持有护照、出国证明及目的地的签证，只需启程前订位，经确认机位，便可按时登机出发。按票面价购入的普通一年期机票可以换乘其他航空公司的航班。一般来说，普通一年期机票票价较高，但灵活方便，没有太多限制，时间上较易掌握。若预计途中可能随时改变路线、时间，购买普通一年期机票较好，虽然票价较高，但物有所值；所节省的时间及其灵活性算下来可能比购买特价票更划算，且退票时较为有利。

（2）旅游机票。旅游机票的票价一般比普通一年期机票便宜，但限制较多，如只售来回票而不能购买单程票，不能更改目的地等。其票价分为中途停站票价及中途不停站票价两种。中途容许停站的票价较贵，持票人一定要在目的地停留一段时间，还要在机票有效期内回程。例如：香港至伦敦的旅游机票为 90 天有效期，即持票人必须在此限期内回程，否则机票将失效。旅游机票的限制视航线不同而有所不同，有些旅游票也有最少停留目的地若干日的限制。例如：有限期为 7～30 天，表示持票人在目的地必须最少停留 7 天，且必须在 30 天内回程。购买旅游机票时，应详细了解有效期，以免机票因过期而失效，回程要另行购票。

（3）团体机票。团体机票是指由航空公司委托的旅行社作为指定代理，事先向航空公司订下若干数目的机位，以供团体旅行之用的机票。按规定，团体机票不能出售给个人旅游者，但实际上某些航线的特价机票就是团体机票通过指定的代理出售的。购买团体机票时应注意其有效期及退改规定，因为某些团体机票注明不能退款，如因签证或其他原因延误，以致不能出发或回程，则会造成很大损失。

（4）包机机票。包机公司或旅行社向航空公司包下整架或部分飞机座位，以供旅游者乘搭，这种机票称为包机机票。包机机票的票价及营运限制由包机公司或旅行社制定。

（5）成人票。成人票是指年满 12 周岁的人士应购买的机票。

（6）儿童票。儿童票是指年满 2 周岁但不满 12 周岁的儿童应购买的机票，提供座位。购买此类机票时，应出示有效的儿童出生证明。满 2 周岁不满 12 周岁的儿童，国内航线按成人普通票价的 50％计价，国际航线根据航线不同而有差异。无成人陪伴的儿童只有在符合承运人规定的条件下，经承运人预先同意并在必要时做出安排后方予载运。

（7）婴儿票。婴儿票是指不满2周岁的婴儿应购买的机票，不提供座位（如需要单独占用座位，应购买儿童票）。购买此类机票时，应出示有效的婴儿出生证明。每位成人乘客只能携带一名婴儿，超出的人数须另行购买儿童票。携带儿童、婴儿乘坐国内航班，可以自愿选择购买航空运输企业在政府规定政策范围内确定并公布的其他种类的机票，并接受相应的限制条件。

（8）折扣机票。折扣机票是指航空公司根据市场淡旺季、购票人数、购票时间的早晚等情况推出的适用于经济舱的机票。折扣机票的限制条件因航空公司而异，差别较大。

（9）特定人群优惠机票。特定人群优惠机票是指仅供特定人群购买的优惠机票，购买时应注意飞行时间、购买数量等限制条件：

1）革命伤残军人机票。票面价值是成人适用的正常票价的80％，购买时须出具革命伤残军人抚恤证。

2）教师机票。教师机票是指航空公司为响应国家“尊师重教”的方针政策而推出的，旨在为从事教育工作的人士提供的优惠机票。

3）学生机票。学生机票又分为以下两种：

① 国内学生机票。例如：南方航空公司（简称南航）在2013年推出学生专属机票，开放对象为全日制在校大学生（含研究生、大专生）。购票程序：学生登录南航官网，填写身份信息并提交申请，然后持有效证件前往就近的南航营业点现场校验，审核通过后即可在南航官网购买学生专属机票。

② 国际学生机票。需持有国际学生证（ISIC卡）或国际青年证（IYTC卡）才可购买，票价较为低廉，限制条件较为宽松，可享有较高的行李托运额度，停留有效期可长达一年。国际学生证是联合国教科文组织认可，由国际学生旅游联盟（ISTC）发行，国际公认的学生通用证件，自1953年发行以来已有超过400万名学生持国际学生证享受到各式各样的优惠，如机票、购物等。目前，在全球有超过122个国家和地区设有专门的机构提供旅游信息与服务。国际青年证是全球唯一的被联合国教科文组织认可的国际青年证件，持卡人享有下列优惠与折扣：可以低于市价3％～10％的价格购买学生青年优惠机票（STA Travel）、国外船票、火车票、地铁票、巴士票，享受租车优惠、特约商店购物优惠，以及购买博物馆、主题公园、历史文化场所门票的优惠。国际学生证只对全日制学生发放，非全日制学生可根据实际情况申请国际青年证。

12. 联程客票

需转乘航班才能到达目的地的乘客在购买客票时，应查验所购客票是否为联程客票，即全部航程均填列在一张或多张票号相连的客票上。

13. 票价构成

（1）国内机票的票价构成。目前，国内机票价格由票价和民航发展基金两部分组成，以前的燃油附加费已停止收取。民航发展基金的征收标准为：国内航班 50 元/人，出境航班 90 元/人。国家民航局规定以下四类乘客可免此项费用：

1）在国内机场中转的国际乘客，未出隔离厅的乘客。

2）持外交护照，乘坐国际航班出境航班出港的乘客。

3）持半票的 12 周岁以下（含 12 周岁）的儿童乘客。

4）乘国内航班在当日（与机票所到的下一航班起飞时间间隔在 8 小时以内）中转的乘客。

（2）国际机票的票价构成。国际机票价格由票价和税金两部分构成。国际机票税是航空公司代当地国家政府收的税。税金会根据购买机票时的汇率而变化。机票税大致分为三种，即离境税、过境税、入境税，个别国家还有其他名目的税，如海关使用税、机场税、动植物免疫检查费、过境税、出境税、入境税等。一般所报的税金是指所有税金的总和。

14. 购票证件

中国人购买国内机票须提供本人身份证，购买国际机票须提供护照、港澳通行证或入台证等；外国旅游者、华侨、港澳台同胞购票，须出示有效护照、回乡证、台胞证、居留证、旅行证或公安机关出具的其他有效身份证件。购买儿童票、婴儿票，应提供儿童、婴儿出生年月的有效证明。

15. 购票限制

无成人陪伴的儿童、病残人士、孕妇（怀孕 32 周以上）等特殊乘客，需经航空公司预先同意后才能购票。

16. 登机牌

登机牌（Boarding Pass/Boarding Card）也称登机证或登机卡，是机场为乘坐航班的乘客提供的登机凭证。乘客只有在提供有效机票和个人身份证件后才能获得登机牌。各机场为了保证航班按时起飞，均制定了在航班起飞前停止更换登机牌的时间。值机柜台截止办理登机手续的时间为航班起飞前 30～60 分钟。

17. 办理登机手续的方式

可通过航空公司网站、自助服务设备（CUSS）或柜台等办理登机手续。自助登机手续不能办理行李托运，在机场航空公司设置有行李托运柜台，乘客可以凭打印的登机牌到柜台托运行李。

18. 航空客票上的字母含义

OK 表示座位已被确认；RQ 表示候补；OPEN 表示座位未确认；CN 代表“民航发展基金”。

19. 电子客票行程单

航空运输电子客票行程单（简称行程单）作为国际客票报销凭证，自 2013 年 1 月 1 日起全面启用，国际航空旅游者运输专用发票停止开具。行程单是仅供乘客用来报销的凭证，又称报销凭证，不作为登机凭证。若乘客无须报销，可不打印，直接凭有效证件办理登机。乘客可以到机场航空公司柜台直接打印行程单，或在市区机场公司柜台取票；也可以由机票代理机构送票，或者直接邮寄给乘客。

20. 行李直挂

行李直挂是指航空公司对于不能直飞的机场，通过联盟会员或合作成员航空公司开通代码共享的航班，乘客需要转机托运的行李无须在中转站提取的服务方式。如果乘客乘坐的是国内转国外且此两段航程都在一张机票上，例如沈阳—广州—悉尼，始发机场沈阳可以办理行李直挂业务，那么乘客就可以在悉尼提取行李，托运的行李在中转机场广州由航空公司负责送上转机的下程航班。

21. 经停

经停就是在第三地降落，然后有乘客上下飞机。经停的原因有：路线远，两地客源不充足，停第三地可以再次上下乘客，增加上客率；飞机需要加油。

经停乘客下飞机，主要是因为在经停的时间里，第三地乘客要上飞机，航空乘务人员需要打扫卫生，同时进行安全检查和准备餐食饮料等。一般经停时间在 40 分钟到 1 个小时，经停乘客先上飞机。如果飞机晚点了，航空公司为了提高航班正点率，也可能不要求乘客下飞机，尽快让第三地乘客上飞机，然后抓紧时间起飞。

22. 误机

误机是指在规定时间内未办妥乘机手续或旅行证件不符合规定未能乘机。

乘客误机后，航空公司会依据乘客所购客票舱位等级对应的客票限制条件来办理相应手续。一般折扣机票限制使用条件较多，大多不得签转、退票。因此，乘客在购买机票时一定要了解清楚客票的使用限制条件，以免造成不必要的麻烦。

23. 漏乘

乘客在始发站办理登机手续后或在经停站过站时没有及时登上飞机，如果是因为航空公司原因，航空公司会为乘客改签后续航班；如果是乘客自身原因，按乘客误机处理。

24. 中转

航空公司在中转机场一般都提供中转服务。中转分为国内转国内、国内转国际、国际转国内、国际转国际等。

国内转国内时，办理通程登机或行李联运的托运行李，无须提取。国内转国际或国际转国内时，须办理边防出境、海关申报和查验手续；办理通程登机或行李联运的托运行李，需要提取。国际转国际时，须办理边防过境手续，但无须办理海关申报和查验手续；办理通程登机或行李联运的托运行李，无须提取。

25. 航班延误

根据中国民用航空局管理规定：航班降落（起飞）时间比计划降落（起飞）时间（航班时刻表上的时间）延迟 30 分钟以上或航班取消的情况称为延误。引起航班延误的原因主要有天气原因、航空交通管制（流量控制）、机械故障、乘客原因、飞机晚到（飞机调配）等。

交通运输部发布的《航班正常管理规定》于 2017 年 1 月 1 日实施，第二十九条的四款规定，明确了航班延误的原因，以及各航空公司应该承担的责任。将延误原因予以分类，首次明确由于天气、突发事件、空中交通管制、安检，以及乘客等非承运人原因，造成航班在始发地出港延误或者取消，承运人应当协助乘客安排餐食和住宿，费用由乘客自理。根据《航班正常管理规定》，只有承运人自身原因造成航班在始发地出港延误或取消，乘客才能享受免费餐食或住宿等，具体有以下三种情况：

（1）航空公司自身原因，包括机务维护、航班调配、机组等造成航班在始发地延误或取消，航空公司应当向乘客提供餐食或住宿等服务。

（2）国内航班在经停地延误或者取消，无论何种原因，承运人均应当向经停乘客提供餐食或者住宿服务。

（3）国内航班发生备降，无论何种原因，承运人均应当向备降乘客提供餐食或者住宿服务。

若乘客购有航空延误险，应前往航空公司值班经理柜台开具航班延误证明，证明需加盖“航班延误专用章”方能生效。凭有效证件及航班延误证明将航班免费变更到航空公司后续的有座航班上，或办理退票。也可选择拨打航空公司客票服务热线进行电话退改签。

26. 退票

乘客购票后因故不能成行，可办理退票。

如果乘客在客票有效期内要求退票，凭有效身份证件，按航空公司的规定即可办理。

电子客票凭行程单办理退票手续，如果乘客未曾打印行程单，可凭有效身份证件办理退票手续。

如果乘客在航班经停地自动终止旅行，则该航班未使用航段的票款不退。

如果乘客因病要求退票，需提供医疗单位证明，始发地退还全部票款，经停地退还未使用航段的全部票款，不收取手续费。

票款只能退给客票上列明的乘客本人。如委托他人办理，须提供乘客本人和受委托人的有效身份证件。如乘客持折扣客票，退票按航空公司的有关规定办理。

27. 更改

更改又称改期，是指在乘客的行程不变、承运的航空公司不变的情况下的更改。更改分为两种：同等舱位更改和升舱。同等舱位更改是指所更改的航班的航空公司和舱位都相同；升舱是指所更改的航空公司相同，但所改的舱位折扣高于原订舱位的折扣。一般情况下，同等舱位更改，航空公司不收取手续费；升舱，航空公司会要求补足差价。

28. 签转

签转是指购买机票后，更改乘坐的航空公司。签转的两个航空公司之间必须有协议，同意两个航空公司的乘客进行签转，否则不可以签转。一般国内机票只有不打折机票可以签转，签转时需要先去当前承运航空公司柜台办理签转签章，然后去新承运航空公司办理手续。

29. 超售

超售是指超过航班最大允许座位数的销售行为。一些乘客购票后不去机场乘机或不能去机场乘机，这些空着的座位就会被浪费。这样不仅给航空公司造成空座损失，也使需要乘机的客人买不到客票，不能成行。为弥补因部分乘客临时取消乘机计划而造成的航班座位虚耗，满足更多乘客出行需求，航空公司一般会在部分容易出现座位虚耗的航班上适当超售。超售是国际航空界的通行做法。航空公司在超售时应对乘客履行告知义务，并应保证为乘客妥善安排后续航程。

30. 常客奖励计划

常客奖励计划（Frequent Flyer Awards，FFA）是指航空公司或航空公司联盟对经常乘机的公务或商务乘客，实行累积飞行里程奖励的政策。实施办法是：当乘客申请加入常客奖励计划后，航空公司为其建立账户和档案，由计算机为其记录旅行信息和累积飞行里程，经济舱机票以实际里程累积，商务舱和头等舱机票按实际里程的若干倍累积，乘客从结盟者处获得的里程亦计入累积，但免票或特惠票里程不计入。

当乘客累积的里程达到规定的数据后，便可获得一定里程的免票或免票升舱或免费行李或优先候补或其他优惠或多项综合优惠。

31. 廉价航空公司

廉价航空公司，又称为低成本航空公司或低价航空公司，是指通过取消一些传统的航空乘客服务，将营运成本控制得低于一般航空公司，从而可以长期提供大量便宜票价的航空公司。廉价航空公司见附录三。

32. 航空联盟

航空联盟是两家或以上的航空公司之间所达成的合作协议。全球最大的三个客运航空联盟是星空联盟、寰宇一家和天合联盟，三家在市场上各有优势。货物航空公司之中亦有航空联盟，例如 WOW 航空联盟。

航空联盟的目的：

① 优势互补：结盟的航空公司之间对乘客市场优势互补，可以通过共享代码、航线互补、航班互补等形式，提高航班载客率、降低运营成本从而增加收益。

② 资源共用：航空公司通过结盟，各成员间可以共用机场设施、相互进行客运代理或相互提供航线维修支援等，减少运营成本。

③ 市场开拓：航空公司结盟后，可以通过联合整体实力开发新的市场，避免单个航空公司开发新市场面临的未知风险，提升市场整体竞争力。

（1）星空联盟。星空联盟（Star Alliance）成立于 1997 年，总部位于德国法兰克福，是世界上第一家全球性航空公司联盟。最初成立时的五个成员是北欧航空公司、泰国国际航空公司、加拿大航空公司、德国汉莎航空公司和美国联合航空公司。目前拥有 27 家正式成员，航线涵盖 194 个国家和地区的 1 329 个机场，主要占据亚、欧和南美市场。我国加入星空联盟的航空公司有中国国际航空公司和深圳航空公司。

星空联盟优惠包括：常客奖励计划、星空联盟金卡/银卡等级、贵宾休息室、获得里程数/积分、星空联盟奖励、星空联盟升级奖励、转机、同一屋檐计划（成员航空公司在同一航站楼运营）、特惠套票和航空通票。

（2）寰宇一家。寰宇一家于 1999 年 2 月 1 日起正式运作，目前由美国航空公司、英国航空公司、国泰航空公司、芬兰航空公司、日本航空公司、马来西亚航空公司、卡塔尔航空公司等十几家航空公司组成。寰宇一家飞行航线网涵盖 170 多个国家和地区的 750 多个目的地，在大西洋地区拥有相当大的优势。

寰宇一家优惠包括：为成员航空公司的乘客提供票位安排服务、成员航空公司的“里程优惠”可在成员之间互换通用、选择机场候机室等。在三大航空联盟中，寰宇一家提供了覆盖最全面、选择最广泛的环球机票。

（3）天合联盟。天合联盟是 2000 年 6 月 22 日由法国航空公司、达美航空公司、墨西哥国际航空公司和大韩航空公司联合成立的。目前成员包括 20 家航空公司，主要占据北美市场。我国东方航空公司、南方航空公司、厦门航空公司、上海航空公司均是天合联盟成员。

天合联盟通过其伙伴关系向乘客提供很多的实惠，包括各成员间常客奖励计划、共享机场贵宾室、提供更多的目的地、更便捷的航班安排、联程订座和登记手续、更顺利的中转连接，实现全球乘客服务支援和“无缝隙”服务。天合联盟的“环游世界”套票、“畅游欧洲”套票、“畅游美洲”套票、“畅游亚洲”套票等优惠机票可为乘客节省更多购票支出。

二、铁路

1. 火车代码

以 G 打头的车次：高速动车组列车。铁路系统标准读法为“高×次”。2009 年 12 月 26 日，中国第一条高速铁路——武广高速铁路正式开通运营，列车设计时速 350 千米，列车最高时速 380 千米。

以 C 打头的车次：城际动车组列车。车次的表示方法为“C××××次”（××××为四位数字），铁路系统标准读法为“城××××次”。2008 年 8 月 1 日，中国第一条城际铁路——京津城际铁路正式开通运营，列车最高时速 350 千米。

以 D 打头的车次：动车组列车。车次的表示方法为“D×次”（×为一位或两位或三位或四位数字），铁路系统标准读法为“动车×次”。动车组是几节自带动力的车辆加几节不带动力的车辆编成的一组列车，其中带动力的车辆叫作动车，不带动力的车辆叫作拖车。

以 Z 打头的车次：直达特别快速列车。铁路系统标准读法为“直×次”。直达特别快速列车在运行过程中一站不停或者经停必停站但不办理客运业务。直达特别快速列车的车底均采用 25T 型空调列车跨局运行。

以 T 打头的车次：特别快速列车。铁路系统标准读法为“特×次”。特别快速列车在运行过程中一般只经停省会城市或当地的大型城市。特别快速列车均为空调列车。

以 K 打头的车次：快速列车。铁路系统标准读法为“快×次”。快速列车在运行过程中一般只经停地级市或重要的县级市，也有少量直达列车。快速列车一般为空调列车，最高时速 120 千米。

以 L 打头的车次：临时快车。铁路系统标准读法为“临×次”。临时快车是在客流高峰日开行的列车，停靠县级市和大部分县级中大车站。临时快车一般在春运、暑运、国庆长假等客流高峰期开行。

以Y打头的车次：临时旅游列车。铁路系统标准读法为“游×次”。为旅游而开设的列车，目前只有极少量列车使用此车次。

以A打头的车次：按需开行的临时列车。

以S打头的车次：开往市郊的专线列车。

不带字母打头的车次：普通列车，分为普通快车和普通慢车两种。普通快车停靠县级市和大部分县级中大车站，少量普通快车为空调列车。普通慢车停靠大部分可以停靠的站点，由于票价低廉，列车基本上“站站停”，很受农村乘客的喜爱。目前，部分铁路局已停运普通列车。

2. 火车票构成

火车票由客票和附加票两部分组成。客票部分为软座、硬座。附加票部分为加快票、卧铺票、空调票，附加票是客票的补充。

3. 站台票

到站台上迎送乘客的人员应买站台票。站台票当日使用、一次有效。对经常进站接乘客的单位，车站可根据需要发售定期站台票。随同成人进站的身高不足1.2米的儿童及特殊情况经车站同意进站的人员可不买站台票。未经车站同意无站台票进站时，加倍补收站台票款，遇特殊情况，站长可决定暂停发售站台票。

4. 半价票

(1) 儿童票。随同成人旅行的身高1.2～1.5米的儿童，票价按相应客票和附加票公布票价的50%计算。身高1.2米以下的儿童免费乘车，持儿童票乘车的儿童单独使用卧铺时，另收全价卧铺票价，有空调时还另收半价空调票票价。超过1.5米时应买全价票。每一成年乘客可免费携带一名身高不足1.2米的儿童。超过一名时，超过的人数应买儿童票。儿童票的座位等级应与成人车票相同，其到站不得远于成人车票的到站。

(2) 学生票。在具有实施学历教育资格的普通大中专院校、军事院校、中小学和中等专业学校、技工学校就读，没有工资收入的学生或研究生，家庭居住地和学校不在相同城市且可乘火车回家或返校时，凭附有加盖院校公章的贴有优惠卡的学生证，每年在12月1日至3月31日期间和6月1日至9月30日期间，可享受4次家庭至院校（实习地点）之间的半价硬座客票、加快票和空调票（以下简称学生票）。新生凭录取通知书，毕业生凭学校书面证明可买一次学生票，华侨学生和港澳台学生同样按照上述规定办理。

学生票的发售范围包括普通硬座票、普通卧铺票和动车组车票。按照铁路部门的要求，学生只有购买普通硬座才能享受价格减半的政策，购买卧铺的票价为硬座票价一半加上原有的铺位价格。此外，动车组一等座不提供学生票优惠，二等座提供公布票价的75％的折扣。

（3）伤残军人半价票。中国人民解放军和中国人民武装警察部队伤残的军人（以下简称伤残军人）凭中华人民共和国残疾军人证可享受半价的软座、硬座车票和附加票。中华人民共和国残疾军人证的式样由中华人民共和国民政部颁布。

5. 铁路乘车证和特种乘车证

铁路乘车证和特种乘车证包括以下七种：全国铁路通用乘车证，中央和各省、自治区、直辖市机要部门使用的限乘指定位置的软席乘车证，邮政部门使用的限乘邮车及铁路指定位置的机要通信人员、押运员、视导员免费乘车证，口岸站的海关、边防军、银行使用的往返免费乘车证书面证明，中国铁路邀请的外国铁路代表团使用的中华人民共和国铁路免费乘车证，用于到外站装卸作业及抢险的调度命令，国务院铁路主管部门邀请的其他政府部门和新闻单位检查铁路工作时使用的全国铁路免费乘车证。

6. 购票有效证件

在铁路售票窗口购票时，可以使用居民身份证、临时身份证、户口簿、旅行证、军人保障卡、军官证、武警警官证、士兵证、军队学员证、军队文职干部证、军队离退休干部证、按规定可使用的有效护照、港澳居民来往内地通行证、往来港澳通行证、台湾居民来往大陆通行证、大陆居民往来台湾通行证、外国人居留证（含外国人永久居留证）、外国人出入境证、外交官证、领事馆证、海员证、外交部开具的外国人身份证明、地方公安机关出入境管理部门开具的护照报失证明、铁路公安部门开具的乘坐旅游者列车临时身份证明共24种。

7. 火车票有效期

乘客购票后，按票面载明的乘车日期、车次乘车。直达票当日当次有效，中途上（下）车未乘区间将失效。通票的有效期按乘车里程计算：1 000千米为2日，超过1 000千米的，每增加1 000千米增加1日，不足1 000千米的尾数按1日计算；自指定乘车日起至有效期最后一日的24时止。

遇有下列情况可延长车票的有效期：

（1）因列车满员、晚点、停运等原因，乘客在规定的有效期内不能到达到站时，车站可视实际需要延长车票的有效期。延长日数从客票有效期终了的次日起计算。

（2）乘客因病，在客票有效期内，出具医疗单位证明或经车站证实时，可按医疗日数延长有效期，但最多不超过10天。卧铺票不可办理延长手续，可办理退票手续。同行人同样办理。

8. 改签

改签是指乘客变更乘车日期、车次、席（铺）位时需办理的签证手续。改签以铁路有运输能力（即可售车票）为前提，只变更乘车日期、车次、席（铺）位，不变更发站和到站（同城车站除外）。

办理车票改签，新车票票价高于原车票时，补收差额；新车票票价低于原车票时，退还差额。

9. 变更到站

自2015年6月10日起，乘客购票后，可根据行程变化，重新选择目的地，在车票预售期内变更到站及乘车日期、车次、席位。办理“变更到站”不收取手续费。“变更到站”只可办理一次，已经办理“变更到站”的车票，不可再办理改签。对已改签车票、团体票及通票暂不提供此项服务。

10. 退票

乘客要求退票时，在票面载明的开车时间前到车站办理，退还全部票价，核收退票费。特殊情况经购票地车站或票面乘车站站长同意的，可在开车后2小时内办理。团体乘客应不晚于开车前48小时办理退票。原票使用现金购买的，应退票款退还现金。原票在铁路售票窗口使用银行卡购买或者在12306.cn网站使用在线支付工具购买的，按发卡银行或在线支付工具的相关规定，应退票款在规定时间退回原购票时所使用的银行卡或在线支付账号。

退票费的收取：开车前15天（不含）以上退票的，不收取退票费；票面乘车站开车时间前48小时以上的按票价5%计算；24小时以上、不足48小时的按票价10%计算；不足24小时的按票价20%计算；开车前48小时～15天，改签或“变更到站”至距开车15天以上的其他列车，又在距开车15天前退票的，仍核收5%的退票费；办理车票改签或“变更到站”时，新车票票价低于原车票的，退还差额，对差额部分核收退票费并执行现行退票费标准。上述计算的尾数以5角为单位，尾数小于2.5角的舍去；大于2.5角且小于7.5角的计为5角；7.5角以上的进为1元。退票费最低按2元计收。改签后的车票乘车日期在春运期间的，退票时一律按开车时间前不足24小时标准核收退票费。

退票注意事项：

（1）乘客开始旅行后不能退票。但如因伤、病不能继续旅行时，凭列车开具的客运记录，可退还已收票价与已乘区间票价差额，核收退票费；已乘区间不足起码里程时，按起码里程计算；同行人同样办理。

（2）退还带有“行”字戳迹的车票时，请先办理行李变更。

（3）在购票地退还联程票和往返票时，必须于折返地或换乘地的列车开车前 5 天办理。在折返地或换乘地退还未使用部分票时，按第（1）项办理。

（4）站台票售出不退。

（5）开车后改签过的票不退。

11. 异地票

异地票是指在一个车站购买发站为不同城市的另一个车站的车票。

12. 联程票

如果从乘车站至目的站没有直接到达的列车，乘客购买从乘车站到换乘站的车票时，可以同时购买从换乘站至目的站的联程票。

13. 直达票

直达票是指从票面发站至到站有明确车次和席位且无须中转的车票。直达票当日当次有效，中途下车失效。

14. 通票

通票是指从票面发站至到站须中转的车票。票面载有从发站至中转站的车次和席别，在中转站换乘时，在车站售票窗口办理中转签证。通票按乘车里程计算有效期，乘客持票在有效期截止前乘车至到站。

15. 团体乘客

20 人以上乘车日期、车次、到站、座别相同的乘客可作为团体乘客。按团体乘客办理的车票，改签、退票时，应不晚于开车前 48 小时。对团体票暂不提供“变更到站”服务。

三、汽车

1. 乘用车

乘坐 2～9 位乘员（包括驾驶员），主要供私人使用。

2. 客车

乘坐 9 位以上乘员，主要供公共服务用。按照服务方式的不同，客车可分为城市公共客车、长途客车、团体客车、游览客车等。游览客车有较舒适的座位，其车窗尺寸较大，以便乘客开阔视野。

3. 营运客车

营运客车是指用于营业性旅游运输的汽车。

（1）营运客车类型。营运客车分为轿车及客车两类。轿车不分类型。客车按车身长度分为大型客车、中型客车和小型客车三种。

（2）等级划分。营运客车按等级可划分为高三、高二、高一、中级、普通5个等级。

（3）等级评定内容。客车主要评定内容包括：客车结构与底盘配置、动力性、安全性、舒适性（车内噪声、空气调节、乘客座椅或卧铺）及服务设施等。轿车主要评定内容包括：发动机排量、空气调节与控制、卫星定位系统及行李舱容积等。

4. 旅游客车

旅游客车是指为旅游团队（者）在旅行活动中提供地面交通服务的，由旅游企业或有旅游需求的组织和个人预订的，通常配有专职驾驶员的营运汽车，不包括提供公共服务的城市观光客车、房车和用于自驾旅游的车辆。

旅游客车设施和服务规范要求见中华人民共和国国家标准《旅游客车设施与服务规范》(GB/T 26359—2010)。

5. 营运证

《中华人民共和国道路运输条例》所说的“车辆营运证”（道路运输许可证）是指道路运输管理机构根据申请人的申请，经依法审查，依照道路运输条例第十条、第二十五条规定，决定向符合本条例规定条件的申请人颁发道路运输经营许可证时，向申请人投入运输的车辆配发的车辆营运证。车辆营运证是从事道路运输经营活动的车辆的合法凭证，如果车辆没有营运证，那么就是无证经营，也就是通常所说的“黑车”。

6. 道路客运经营

道路客运经营是指用客车运送旅游者，为社会公众提供服务，具有商业性质的道路客运活动，包括班车（加班车）客运、包车客运、旅游客运等。

（1）班车客运是指营运客车在城乡道路上按照固定的路线、时间、站点、班次运行的一种客运方式，包括直达班车客运和普通班车客运。加班车客运是班车客运的一种补充形式，是在客运班车不能满足需要或者无法正常运营时，临时增加或者调配客车按客运班车的路线、站点运行的方式。

（2）包车客运是指以运送团体旅游者为目的，将客车包租给用户安排使用，提供驾驶劳务，按照约定的起始地、目的地和路线行驶，按行驶里程或者包用时间计费并统一支付费用的一种客运方式。

（3）旅游客运是指以运送旅游观光的旅游者为目的，在旅游景区内运营或者其路线至少有一端在旅游景区（点）的一种客运方式。

交通运输部2012年第8号令《道路旅游者运输及客运站管理规定》第八条规定：包

车客运按照其经营区域分为省际包车客运和省内包车客运，省内包车客运分为市际包车客运、县际包车客运和县内包车客运。第九条规定：旅游客运按照营运方式分为定线旅游客运和非定线旅游客运。定线旅游客运按照班车客运管理，非定线旅游客运按照包车客运管理。

四、游轮与邮轮

1. 游轮

游轮是指用于搭载乘客从事旅行、参观、游览活动的各类客运机动船只的统称。一般定期或不定期地沿一定的水上旅游路线航行，在一个或数个观光地停泊，以便让游人参观游览。按照航行水域分为远洋游轮、近海游轮、内河游轮。业内也有一种说法：游轮和邮轮区别在于，游轮有航距限制，一般在近海、内河江湖航行；邮轮不受航距限制，可以在各个海域通行，行驶范围更大，也更国际化。皇家加勒比国际游轮是特例，应该属于邮轮的范畴，由于沿革和习惯，用了“游”字。

2. 邮轮

邮轮原指海洋上定线、定期航行的大型客运轮船，早期还负责运载两地间的邮件，因为与邮政事业有关，所以被称为邮轮。随着航空技术和旅游业的发展，原本意义上作为客运或邮政运输的邮轮渐渐退出历史舞台，取而代之的是定位完全不同的豪华邮轮，有配备齐全的生活、娱乐、休闲与度假的各类设施，是漂浮在海面上的“超五星级宾馆”，被称为“无目的地的目的地”和“海上流动度假村”。

（1）邮轮划分。根据排水量（GRT）、载旅游者数（Pax）来衡量邮轮的大小，大致可将邮轮分为精致型、小型、中型、大型、巨型等。

精致型：10 000 GRT 以下；200 Pax 以下。

小型：10 000～20 000 GRT；200～500 Pax。

中型：20 000～50 000 GRT；500～1 200 Pax。

大型：50 000～70 000 GRT；1 200～2 000 Pax。

巨型：70 000 GRT 以上；2 000 Pax 以上。

随着邮轮业的发展，现在出现了 100 000～220 000 GRT 的巨型邮轮。巨型、大型邮轮拥有大型度假村的功能，可以提供多样的休闲娱乐设施活动；中小型邮轮可以提供精致、隐私的个性化服务，各有优势。大邮轮楼层可达 18 层，小邮轮楼层也可达 10 层，每艘邮轮的楼层数都会有所不同的。

（2）邮轮服务。每一艘邮轮上都提供旅游者居住、就餐、娱乐、休闲等多种服务功能，提供大件行李免费托运、船上外汇兑换、船上免税购物、用餐自由安排、老年人轮椅服务、残障人士专用房间及用餐服务、儿童游乐场所和儿童寄存服务等。

1）精美饮食。一艘邮轮上会有数个餐厅和咖啡馆，提供24小时不间断饮食供应，餐饮丰富多样。有美式、法式、中式、意式、日式、泰式等各国饮食，有自助餐、快餐、正餐等各种形式，有煎、煮、炒、炸、蒸、炖、烧、烤等多样料理，从开胃菜到饭后甜点一应俱全。大多餐饮除酒精饮料以外都不会再向乘客额外收取费用。邮轮上也会提供收费餐厅，环境高雅幽静。每趟航程中还会安排船长晚宴，船长和员工代表会出席，宾客要穿着正装或晚礼服出席，以示对尊贵主人和其他宾客的尊重。

2）优质住宿。邮轮住宿按照星级酒店的标准，实际房间面积按照舱级不同由十几平方米到上百平方米不等，所有舱房都配备独立卫浴、梳妆台、床头柜、衣柜、桌椅、保险柜、冰箱、电视、广播、电吹风、广播、电话等家居用品。

3）豪华娱乐。邮轮作为流动的度假村，休闲设施众多且服务周到。以设备齐全的新一代巨轮为例，从顶层看，船的顶层甲板（不是最高层）一般叫作阳光甲板（Sun Deck）或 Pool Deck，此层中央一般是室外大泳池。最高层（多半叫 Bridge Deck）多设有羽毛球场或滑板游戏场等。船上还有 SPA 房、比萨店、雪茄房、图书馆、康乐室、儿童室、棋牌室。其他玩乐设施会设在大堂（Lobby）的上下两层，包括客厅、大剧院、电影院、购物廊、娱乐场（赌场）和摄影室、舞厅、酒廊、咖啡室等，办事和接待则设在大堂。低层则可设电脑房、电子游戏房、物品医疗室、理发店和自助洗熨室等。

每天清晨，邮轮上的客房管事会将《邮轮日报》放在房间门口，上面刊登每一天船上所有餐厅、娱乐及重要活动的时间和地点。如果某日邮轮整天航行而不靠岸，船上会安排整天的节目。每艘邮轮都会有一名导演负责安排节目，并组织各种游戏。在海上的夜晚，绝大多数邮轮都提供歌舞表演，包括唱歌、小品、魔术、舞蹈和木偶表演等。有的邮轮公司规定每天晚上要提供完全不同的两场表演，一场在大剧场，还有一场深夜在夜总会或者迪斯科舞厅。

4）免税购物。大型邮轮通常有好几个商店，小型邮轮也至少有一个。邮轮上的商店以优惠的价格提供各地的服装、珠宝和小装饰品。

5）通用语言。工作人员由多个国籍的人员组成，大部分邮轮的语言以英文为主，但在中国市场上的邮轮航线，绝大多数接受以旅行社团队的方式预订，正规的旅行社旅游团队配有中文领队，会协助旅游者进行各种活动。同时，邮轮上的服务人员也有一定数量的中国人，餐厅特地准备了中文菜单和会说中文的侍应生，就算是一句英语不会说的人，也能顺利点餐。

6）邮轮卡消费。一般国际邮轮都采用“无现金”系统，使用一张消费卡（通常为旅游者在登船时领取到的房卡）作为旅游者在邮轮上所有消费的付账卡。消费卡可以在邮轮上预存现金或兑换旅行支票开通，若卡内余额不足，可到服务台续存。也可以绑定美国运通卡、万事达、VISA 等信用卡，邮轮假期消费凭登船卡刷卡并记录在卡上。

每位乘客都有印有编码的消费记录清单，在邮轮假期即将结束的前一晚，包括每项消费的清单会送到客舱。如乘客对账目无异议，就会在离开邮轮的当天早上刷卡销账。

（3）舱房类型。邮轮舱房分为四种：内舱房（Inside Stateroom）、海景房（Oceanview Stateroom）、露台海景房（Oceanview Stateroom with Balcony）和套房（Suite）。同种类型的客房，价格也会有区别，邮轮公司会根据房间所在楼层及前、中、后位置、房间面积甚至阳台大小等因素，将上述房间分为 A、B、C、D 各个等级，然后以不同价格出售船票。每间舱房通常可入住 2～4 名乘客。当然，一些邮轮也有能容纳 5 人以上的舱房。

1）内舱房没有窗户，面积在 15～20 平方米，价格最便宜。

2）海景房比内舱房多一个封闭窗户，形状或圆或方。在海景房当中，还有一种叫作被救生艇遮蔽的海景房，通常比普通海景房便宜。

3）带阳台的海景房，俗称阳台房，拥有落地玻璃移门，以及 3～5 平方米的阳台，房间面积在 20 平方米以上。阳台房的位置、楼层通常都比较好，一般在 5、6 楼以上。

4）套房的面积更大，设施更齐全，有些套房还设有私人酒吧和钢琴，功能区的划分也更清晰。但套房的价格是所有房型中最贵的。

舱房的舒适度与位置、楼层有一定的关系。例如，邮轮中央到船头船尾的距离一样，位置又靠近电梯，对一些年纪大的人来说出行比较方便。邮轮中央的舱房，在遇到风浪时摇晃的程度比较小，通常比其他位置同样类型的舱房价格要贵一些。

（4）邮轮费用。邮轮旅游的费用分为船票、港务费、税金、签证费、小费、岸上游程观光费、私人消费等。

1）船票。一张船票通常包括房间住宿、餐饮、享用指定的邮轮免费设施、参加指定的邮轮娱乐节目及活动，例如观看歌舞表演、参加主题舞会等都是免费的。根据各邮轮的相关规定，邮轮船票包含的费用也有可能不同。例如冠达邮轮的三艘邮轮——玛丽皇后二号、维多利亚皇后号和伊丽莎白皇后二号，对住什么等级舱房的旅游者在什么样的餐厅用餐、使用怎样的公共设施都有规定，而其他的邮轮在饮食娱乐的享受方面完全相同。

2）港务费。主要是指港口费用。邮轮进出港及靠岸停泊各国港口使用水域、航道、码头、泊位等，必须支付该港口管理局规定的相关的使用费。港务费通常依据邮轮吨位大小，费率有所不同。

3）税金。主要是指燃油附加费，是因燃油价格波动而向乘客收取的附加费用。

4）签证费。绝大多数国家对邮轮入境的签证要求和陆路是相同的，但在实际操作中主要以邮轮公司提供的信息为准，这是因为邮轮公司在开通航线时，有可能与海关或港务局达成一定的协议，按免签或落地签执行。

5）小费。不同的邮轮公司、不同的航线，小费的收取额度也有所区别，一般每人每晚6～11美元。消费者向服务人员提供小费是国际惯例，在欧美邮轮中很常见。

6）岸上游程观光费。邮轮每次停靠港口都会为邮轮上的旅游者提供多条旅游观光路线供选择，一方面满足旅游者的需要，另一方面增加邮轮公司的收入。

7）私人消费。例如邮轮上的付费餐饮、美容疗养、洗衣、医疗中心，以及在单点餐厅享用主厨菜品、卫星电视和网络使用、个人瑜伽课程等个人消费。

（5）邮轮航行海域。世界邮轮市场航线最为热门的三大航线为美洲加勒比海航线、欧洲地中海航线及亚太航线（见表1-1）。

表1-1　　邮轮航行海域（2015年）

海域航线	主要停靠国家和地区	占比
美洲加勒比海航线	东加勒比海：维尔京群岛、波多黎各、多米尼加 西加勒比海：牙买加、墨西哥、开曼群岛 南加勒比海：委内瑞拉、哥伦比亚、ABC群岛	40%
欧洲地中海航线	东地中海：希腊、意大利、土耳其、埃及 西地中海：意大利、法国（蔚蓝海岸）、西班牙	30%
亚太航线	日本、韩国、新加坡、泰国、马来西亚、印度尼西亚、中国、新西兰、澳大利亚	10%
阿拉斯加海域航线	加拿大（温哥华）、美国（阿拉斯加）	5%
巴拿马运河航线	加勒比海与阿拉斯加季节性转换接驳	3%
美加其他海域航线	美东海域、美西海域、加拿大东部、百慕大群岛	2%
世界其他海域	印度洋、南太平洋及各大洲航行海域	10%
合计		100%

3. 世界三大邮轮集团

（1）嘉年华邮轮集团。嘉年华邮轮集团成立于1972年，总部设在美国佛罗里达州的迈阿密市。目前该集团全球市场占有率第一、经营规模最大。嘉年华邮轮集团拥有8个子品牌，以集团控股方式经营，各船队之间具有良性竞争关系（见表1-2）。

表1-2　　嘉年华邮轮集团船队品牌一览表（2015年）

品牌		创立时间	总部	邮轮数量
嘉年华邮轮 (Carnival Cruise Lines)	Carnival	1972	美国迈阿密	24艘
公主邮轮 (Princess Cruises)	PRINCESS CRUISES	1965	美国圣塔克拉利塔	18艘

续前表

品牌		创立时间	总部	邮轮数量
歌诗达邮轮 (Costa Cruise Lines)		1947	意大利热那亚	16 艘
荷美邮轮 (Holland America Line)		1873	美国西雅图	15 艘
英国 P&O 邮轮 (P&O Cruises UK)		1837	英国南安普敦	10 艘 (含澳大利亚 P&O 游轮公司)
阿依达邮轮 (AIDA Cruises)		1960	德国柏林	10 艘
世朋邮轮 (Seabourn)		1986	美国迈阿密	5 艘
冠达/皇后邮轮 (Cunard)		1840	英国南安普敦	3 艘

(2) 皇家加勒比邮轮集团。皇家加勒比邮轮集团创立于 1969 年，以超大吨位、新型船舶、平实价位、设施多样化为品牌特色。皇家加勒比邮轮集团拥有全球最大的 22 万吨级的海洋绿洲号、16 万吨级的海洋自由号、14 万吨级的海洋航行者号，还有集科技高能与创新颠覆性体验于一身的量子系列——海洋量子号，带给全球邮轮一个跨时代的飞跃。皇家加勒比邮轮集团拥有 6 大邮轮品牌（见表 1-3）。

表 1-3　　皇家加勒比邮轮集团船队品牌一览表（2015）

品牌		创立时间	总部	邮轮数量
皇家加勒比国际游轮 (RCCL)		1969	美国迈阿密	23 艘
精致邮轮 (Celebrity Cruises)		1989	美国迈阿密	11 艘

续前表

品牌		创立时间	总部	邮轮数量
普尔曼邮轮 (Pullmantur Cruises)		2000	西班牙 巴塞罗那	4 艘
精钻会邮轮 (Azamara Club Cruises)		2007	美国迈阿密	2 艘
途易邮轮 (TUI Cruises)		2007	德国汉堡	2 艘
法国 CDF 邮轮 (Croisières de France)		2007	法国巴黎	1 艘

(3) 丽星邮轮集团。丽星邮轮集团成立于 1993 年，原隶属于马来西亚云顶高原娱乐集团，2009 年改制为云顶香港全资附属公司，以亚太地区为根据地和主要市场，旗下有 2 个邮轮品牌（见表 1-4）。

表 1-4　　丽星邮轮集团船队品牌一览表（2015）

品牌		创立时间	总部	邮轮数量
丽星邮轮 (Star Cruises)		1993	中国香港	7 艘
挪威邮轮 (Norwegian Cruise Line)		1966	美国迈阿密	12 艘

第三节　旅游景区

1. 世界遗产

世界遗产是指被联合国教科文组织（UNESCO）和世界遗产委员会（WHC）确认的人类罕见的、目前无法被替代的财富，是全人类公认的具有突出意义和普遍价值的文物古迹及自然景观。总的来说，世界遗产包括世界文化遗产、世界自然遗产、世界文化与自然遗产、文化景观四类。广义上，根据形态和性质，世界遗产包括文化遗产、自然遗产、文化和自然双重遗产、记忆遗产、非物质文化遗产、文化景观遗产等。世界遗产由世界遗产委员会同国际古迹遗址理事会（ICOMOS）、世界自然保护联盟（IUCN）组织专家进行考察评价，世界遗产委员会审议。

2. 国家公园

世界上最早的国家公园是 1872 年在美国建立的黄石国家公园。世界自然保护联盟（IUCN）公布的《保护地管理类别指南》（1994 年）将“国家公园”（National Park）纳入“保护地”（Protected Area）六个类别的第二类，并认为国家公园主要是以生态系统保护和游览为目的实施管理的保护区，对该类陆地和海洋自然区有以下要求：为现在及将来一个或多个生态系统提供完整性保护，禁止有损于保护区规定目标的资源开发或土地占用活动，为精神、科学、教育、娱乐及旅游等活动提供一个环境和文化兼容的基地。

3. 地质公园

由联合国教科文组织在开展“地质公园计划”可行性研究中创立的新名称，是指具有特殊地质意义或具有珍奇秀丽景观特征的自然保护区。这些特征是该地区地质历史、地质事件和形成过程的典型代表。

4. 森林公园

森林公园是 种以森林景观为主体的自然公园，为旅游者提供旅游度假、休憩娱乐、保健疗养、科学研究、生态教育等服务。

5. 湿地公园

湿地公园是一种以湿地景观为主体的自然公园，为旅游者提供旅游度假、休憩娱乐、保健疗养、科学研究、生态教育等服务。

6. A 级景区

根据我国国家标准《旅游景区质量等级的划分与评定》（GB/T 17775—2015）规定，

我国的旅游景区质量等级划分为五级，从高到低依次为 AAAAA、AAAA、AAA、AA、A 级。旅游景区质量等级由全国旅游景区质量等级评定委员会组织评定，由全国旅游景区质量等级评定机构向社会统一公告，标牌、证书由全国旅游景区质量等级评定机构统一规定。

7. 文物保护单位

文物保护单位是由各级人民政府依法确定的具有重要价值的地面、地下不可移动文物的总称。根据其价值，一般分为国家级、省级、县（市）级三个级别，分别由国务院、省（自治区、直辖市）、县（市）人民政府公布；根据文物类型，一般可分为古遗址、古墓葬、古建筑、石窟寺及石刻、近现代重要史迹及代表性建筑等。

8. 风景名胜区

风景名胜区是指具有欣赏、文化或科学价值，自然景观、人文景观比较集中，环境优美，具有一定规模，可供人们游览、休息或进行科学文化活动的地域。根据景观价值和规模大小，风景名胜区在中国分为国家重点风景名胜区、省级风景名胜区和市级风景名胜区三个等级。

9. 国家旅游度假区

国家旅游度假区是指符合国际度假旅游要求，以接待海内外旅游者为主的综合性旅游区，有明确的地域界限，适于集中设置配套旅游设施，所在地区旅游度假资源丰富，客源基础较好，交通便捷，对外开放工作有较好基础。国家旅游度假区由全国旅游资源规划开发质量评定委员会组织评定，由文化和旅游部①公布。

10. 主题公园

主题公园一般是指根据某个特定的主题，融入现代科学技术设置活动场景，集诸多娱乐活动、休闲要素和服务接待设施于一体，可满足旅游者多样化休闲娱乐需求的场所。

2016 年 6 月 16 日，上海迪士尼乐园开业，国际旅游主题公园正式进入中国（不含港澳台），开业 1 周年累计接待旅游者超过 1 100 万人次，实现了财务收支平衡，并开始着手筹备园区扩建项目。环球影城、东方好莱坞等一批大型主题游乐园也将陆续开门迎客。我国一大批具有自主品牌的旅游主题公园正快速发展，成为旅游新亮点。2016 年，全球排名前十的主题公园集团中，亚太地区占据的三席均为中国主题公园集团，分别是华侨城集团、华强方特集团和长隆集团。

---

① 2018 年 3 月 13 日，文化部和国家旅游局职责整合，组建文化和旅游部。

11. 国家温泉旅游名镇

国家温泉旅游名镇是指温泉资源丰富、泉质优良，产业发展水平、功能设施配套完整度、环境硬件品质、经营管理与服务水平、卫生、安全等在全国具有领先性，其他各项指标达到相关标准规定的温泉小镇。

第四节　住宿餐饮业

1. 星级酒店

国际上并没有统一的酒店等级评定标准，酒店等级评定由各国自行进行。根据《中华人民共和国星级酒店评定标准》，可将酒店按等级标准划分为一星级到五星级 5 个星级。星级越高，表示旅游酒店的档次越高。旅游酒店星级评定工作由全国旅游酒店星级评定机构统筹负责，制定星级评定工作的实施办法和检查细则，组织实施评定与复核工作。

2. 绿色酒店

绿色酒店是指以可持续发展为理念，坚持清洁生产、倡导绿色消费，保护生态环境和合理使用资源的酒店。

国家行业标准《绿色旅游饭店》（LB/T 007—2015）将绿色酒店分金叶级和银叶级两个等级。中华人民共和国国家标准《绿色饭店》（GB/T 21084—2007）根据酒店在节约资源、保护环境和提供安全、健康的产品和服务等方面取得不同程度的效果，将绿色酒店分为五个等级，用银杏叶标识，从一叶到五叶，五叶级为最高级。

3. 主题酒店

主题酒店是以文化为主题，以酒店为载体，以旅游者的体验为本质的酒店。即以某一特定的主题来体现酒店的建筑风格和装饰艺术以及特定的文化氛围，让顾客获得富有个性的文化感受；同时将服务项目融入主题，以个性化的服务取代一般化的服务，让顾客获得欢乐、知识和刺激。历史、文化、城市、自然、神话童话故事等都可成为酒店借以发挥的主题。我国文化主题酒店分为金鼎级和银鼎级两个等级，金鼎级为高等级，银鼎级为普通等级。

4. 精品酒店

精品酒店是指地理位置优越、设计风格独特、文化内涵丰富、品质精良、运营专业的小型精致酒店。

5. 旅游民宿

旅游民宿是指利用当地闲置资源，由房屋主人参与接待，为旅游者提供体验当地自然、文化与生产生活方式的小型住宿设施。文化和旅游部行业标准将旅游民宿分为金宿级和银宿级两个等级。

台湾“交通部”颁布的《民宿管理办法》对民宿的定义是：民宿是指利用自用住宅空闲房间，结合当地人文景观、自然景观、生态资源、环境资源及农林渔牧生产活动，以家庭副业方式经营，提供旅游者乡野生活之住宿处所。

民宿在世界各国因环境与文化生活不同而略有差异：欧陆国家多采用农庄式民宿模式，让旅游者能够享受农庄式田园生活，体验农庄生活；加拿大采用假日农庄模式，旅游者可以享受农庄生活；美国多见居家式民宿或青年旅舍等不刻意布置的居家住宿，是价格相对便宜的住宿选择；英国则习惯称为 Bed and Breakfast（BNB），按字面解释就是提供睡觉和简单早餐的场所。

6. 洋家乐

洋家乐是指外国人办的农家乐。在我国，洋家乐起源于南非小伙高天成（Grant Horsfield）在浙江莫干山创办的“三九坞乡村会所”。洋家乐崇尚回归自然，返璞归真，并且坚持低碳环保的理念。

7. 国际青年旅舍

国际青年旅舍联盟（International Youth Hostels Federation，IYHF）总部位于英国，是一家非营利机构。该组织是联合国教科文组织成员，同时是世界旅游组织成员。目前，IYHF 共有 60 多个成员及 20 余个附属成员，已成为全球最大的青年旅行服务连锁组织。其由小木屋和小杉树组成的蓝三角标志，已成为知名品牌，在全世界青年中享有极高的声誉。

国际青年旅舍联盟奉行的理念是：“通过旅舍服务，鼓励世界各国青少年，尤其是那些条件有限的青年，认识及关心大自然，发掘和欣赏世界各地的城市和乡村的文化价值，并提倡在不分种族、国籍、肤色、宗教、性别、阶级和政见的旅舍活动中促进世界青年间的相互了解，进而促进世界和平。”

8. 万里路青年旅舍（Utels）

Utels 是万里路连锁品牌的英文名称，是北京青年旅舍协会创立的、拥有自主知识产权的中国青年旅舍品牌。该品牌于 2005 年 12 月在国家商标局注册，得到了共青团和国家旅游局的支持。Utels 与 IYHF 没有隶属关系。目前，Utels 在我国和邻近的几个国家拥有数十家青年旅馆（经济型酒店）。

9. 房型

单人间：房内设一张单人床，内有卫生间和其他附属设备。

标准间：房内设两张单人床或一张双人床，适合住两位旅游者或夫妻同住。

商务间：房内设两张单人床或一张双人床，可以上网或提供电脑。

豪华间/高级间：房内设两张单人床或一张双人床，但房间的装修和房内设施比标准间档次高，其价格也比标准间高一些。

行政间：房内通常设有一张双人床，此类型房间单独为一楼层，并配有专用的商务中心和咖啡厅等。

套间：由 2 间或 2 间以上的房间（内有卫生间和其他附属设施）组成。双套间一般是连通的两个房间：一间是会客室，一间是卧室。卧室内设两张单人床或一张双人床。

多套间：由 3～5 间或更多房间组成，有 2 个带卫生间的卧室，还有会客室、餐厅、办公室及厨房等，卧室内设特大号双人床。

高级套间：由 7～8 间房组成的套间，走廊有小酒吧。两个或多个卧室分开，男女卫生间分开，设有客厅、书房、会议室、随员室、警卫室、餐厅、厨房等设施，有的还有室内花园。

第五节　购物保险业

1. 免税

免税免的是进口关税，税率在 20%～100%。

购买免税品“三部曲”：第一，找到免税店（Duty Free）；第二，挑选你喜欢的商品；第三，出示你的护照和登机牌（或机票）进行购买。

2. 退税

退税是指旅游购物退税，旅游者在国外购买商品时，可获退其在国内生产和流通环节实际缴纳的产品税、增值税和特别消费税等，税率在 5%～20%。

退税“三部曲”：第一，要在有退税标志的商店（Tax Free Store）买东西，填写一式三份的退税单（Global Refund Cheque）；第二步，经海关检验合格后，在退税单上盖章；第三步，选择退税方式，如现金、信用卡、支票、支付宝（支付宝 2014 年启动欧洲退税业务）等。

3. 免税店

免税店是指向规定的对象销售国家免征进口关税的商店。免税店经营的免税品品种，须由经营单位统一报经海关总署批准。免税商店多设于机场、边境关口、大旅馆、国际会议中心、观光客常去的零售购物区、飞机上。免税店的经营方式有两种：一种是送货制度，购买时提供护照和回程机票，货品在回程机场提货；另外一种是在柜台购买，带着包装货品离去，并进入只有国际旅游者才能进入的区域，如通过出入境检查之后的国际机场区。

CDF：中国免税店。中国免税品（集团）有限公司是唯一经国务院批准，在全国范围内开展免税业务的国有专营企业，在海内外拥有 200 多家免税零售实体门店。

DFS：环球免税店。DFS（Duty Free Shoppers）集团成立于 1961 年，是全球首屈一指的免税企业，也是世界上最大的旅游业零售集团和最大的机场免税店经营者，目前在亚太地区 14 个国家和地区及北美东海岸拥有 150 多间店面。

4. 信用卡

信用卡（Credit Card），又叫贷记卡，是一种非现金交易付款的方式，是简单的信贷服务。国际上有五大信用卡品牌：VISA 、MasterCard、America Express、Diners Club、JCB。

（1）银联卡。银联卡通过银联跨行交易清算系统，实现商业银行系统间的互联互通和资源共享，保证银行卡跨行、跨地区和跨境的使用。中国银联已与境内外数百家机构展开广泛合作，银联网络遍布中国城乡，并已延伸至亚洲、欧洲、美洲、大洋洲、非洲等境外 150 多个国家和地区。

（2）维萨卡（VISA）。VISA 卡由位于美国加利福尼亚州圣弗朗西斯科市的 VISA 国际组织负责经营和管理，该组织是目前世界上最大的信用卡和旅行支票组织，拥有 VISA、ELECTRON、INTERLINK、PLUS 及 VISA CASH 等品牌。

（3）万事达卡（MasterCard）。万事达卡国际组织（MasterCard International）全球总部设在美国纽约，该组织拥有全球最全面的支付品牌，是全球第二大信用卡国际组织，拥有 MasterCard、Maestro、Mondex、Cirrus 等品牌。

5. 旅游医疗保险

旅游医疗保险是赴申根国家旅游必须投保的险种，主要用于由于生病可能送返回国的费用及急救和紧急住院等的费用。根据申根协议，旅游者必须在申办签证时就提供旅游医疗保险，它在保额、保障期、保障内容方面都有严格的规定。在入境申根国前，所有申请人必须购买并出示医疗保险。

6. 旅行社责任保险

旅行社责任保险是指旅行社根据保险合同的约定向保险公司支付保险费，保险公司对旅行社在从事旅游业务经营活动中，致使旅游者人身、财产遭受损害，应由旅行社承担的责任，承担赔偿保险金责任的行为。旅行社责任保险的保险责任，应当包括旅行社在组织旅游活动中依法对旅游者的人身伤亡、财产损失承担的赔偿责任和依法对受旅行社委派并为旅游者提供服务的导游或者领队人员的人身伤亡承担的赔偿责任。《旅行社责任保险管理办法》由2010年国家旅游局、中国保险监督管理委员会第35号令公布实施。

7. 旅游意外伤害保险

旅游意外伤害保险是针对旅游者在旅游过程中，因发生意外事故导致生命或身体受到伤害而进行赔偿的一个险种。

相对意外险来说，旅游意外险是一种比较有针对性的外出旅游保险。首先，在保障内容上，除普通意外险的身故、残疾、意外伤害医疗、意外住院津贴等保障之外，旅游意外险根据各个险种的不同，有航班延误、行李证件损失、紧急救援服务等保障。其次，针对旅游期限不同，可以自由选择不同天数的保险期间来投保。其中，短期旅游意外险的保障费用比长期旅游意外险的保障费用稍低。

思考及练习

1. 作为旅行社从业人员，为什么需要了解交通、景区、住宿、餐饮、购物、娱乐、保险等行业的知识呢？

2. 航空订票中提及的“退改签”是什么意思？

3. 为什么旅行社已经购买了旅行社责任保险，却还是要提醒旅游者购买旅游意外伤害保险？二者的区别是什么？

第二章 出入境证件

第一节 境内旅游证件

一、身份证

我国公民国内旅游主要使用身份证。身份证是用于证明持有人身份的唯一证件，多由各国或地区政府发行予公民。1984 年 4 月 6 日，国务院发布《中华人民共和国居民身份证试行条例》，并且开始颁发第一代身份证。

身份证有效期分为 5 年、10 年、20 年和长期 4 种。未满 16 周岁、自愿申领身份证的公民，身份证有效期 5 年；16～25 周岁的公民，身份证有效期 10 年；26～45 周岁的公民，身份证有效期 20 年；46 周岁以上的公民，身份证长期有效。

公民应当自年满 16 周岁之日起 3 个月内，到常住户口所在地的公安机关办理申领手续，交验居民户口簿、本人照片，填写居民身份证申领登记表，交纳证件工本费。未满 16 周岁的公民，自愿申请领取身份证的，由监护人代为申请领取。

二、居民户口簿

未满 16 周岁、没有申请领取身份证的公民的有效证件为居民户口簿。

第二节 内地居民赴香港、澳门旅游

一、办理手续

内地居民申请往来港澳地区，必须办理内地居民申请往来港澳地区通行证和签注。内地居民申请往来港澳地区俗称双程证，是由中华人民共和国公安部出入境管理局签发给中国内地居民因私往来香港或澳门地区旅游、探亲，从事商务、培训、就业、留学等非公务活动的旅行证件。来港澳前，必须取得内地公安部门签发的有关来港澳目的签注

（如团队旅游、个人旅游、商务或其他签注等）。

内地居民持往来港澳通行证在香港或者澳门期间，所持证件遗失，可到香港警署或者澳门治安警察局出入境事务厅办理证件报失手续，持证件报失证明等材料通过香港或者澳门中国旅行社向广东省公安厅深圳出入境签证办事处或者广东省公安厅珠海出入境签证办事处申请办理一次性有效出入境通行证返回内地。

二、受理部门

内地居民申请往来港澳通行证和签注，应向本人常住户口所在地公安机关出入境管理部门提出申请，但有下列情形之一的，按照相应规定提交申请：

（1）内地居民申请赴香港或者澳门商务签注，向本人工作单位所在地公安机关出入境管理部门申请。

（2）内地居民通过劳务经营公司申请赴香港或者澳门逗留签注，向劳务经营公司所在地设区的市级以上（含，下同）公安机关出入境管理部门申请。

（3）军人申请往来港澳通行证和签注，向部队或者工作单位驻地公安机关出入境管理部门申请。

（4）内地居民持逗留签注赴香港后，在香港或者返回内地期间再次申请逗留签注（包括同时补、换发往来港澳通行证），或者在香港申请赴澳门其他签注，可向广东省公安厅深圳出入境签证办事处（以下简称深圳签证办）申请。

（5）内地居民持逗留签注赴澳门后，在澳门或者返回内地期间再次申请逗留签注（包括同时补、换发往来港澳通行证），或者在澳门申请赴香港其他签注，可向广东省公安厅珠海出入境签证办事处（以下简称珠海签证办）申请。

（6）符合公安部规定的在非常住户口所在地申办往来港澳通行证、签注条件的，可按照规定向有关地方公安机关出入境管理部门申请。

三、申请手续

（1）内地居民单独申请往来港澳通行证，应当按要求填写申请表，回答有关询问并提交下列材料：

1）提交符合《出入境证件相片照相指引》标准的申请人照片。

2）交验申请人居民身份证原件，申请人未满 16 周岁，也可交验居民户口簿；军人应交验军人身份证明（上述身份证件须留存复印件或者电子扫描图片）。

3）按规定提交或者核验指纹信息。

4）按照公安部有关规定在非常住户口所在地申请往来港澳通行证的，还须提交符合在非常住户口所在地申请条件的证明。

5）军人、登记备案的国家工作人员，应当提交本人所属单位或者上级主管单位按照人事管理权限审批后出具的同意办理出入境证件的函。

6）未实行按需申领护照地区的内地居民，还须按照有关规定出具相关证明材料。

（2）内地居民申请往来港澳签注，应当按要求填写申请表，回答有关询问并提交下列材料：

1）有效往来港澳通行证（同时申请往来港澳通行证的除外）。

2）与申请事由相关的申请材料。

3）按照公安部有关规定在非常住户口所在地申请往来港澳签注的，还须提交符合在非常住户口所在地申请条件的证明。

4）军人、登记备案的国家工作人员，应当提交本人所属单位或者上级主管单位按照人事管理权限审批后出具的同意办理出入境证件的函。

5）未实行按需申领护照地区的内地居民，还须按照有关规定出具相关证明材料。

内地居民同时申请往来港澳通行证和签注的，无须重复提交相关材料。

四、各类事由申请条件及相关的申请材料

1. 探亲

（1）申请条件：探望在香港或者澳门定居、长期居住、就学或者就业的亲属；申请人的配偶或未满18周岁子女可随同申请。“亲属”是指配偶，父母或者配偶的父母，子女或者子女的配偶，兄弟姐妹，（外）祖父母、（外）孙子女等；“随同申请”是指与主申请人同时申请相同有效期和次数的探亲签注。

外交部驻香港或者澳门特派员公署、中央人民政府驻香港或者澳门联络办公室工作人员、中国人民解放军驻香港或者澳门部队干部的内地亲属申请赴香港或者澳门探亲，另行规定。

（2）申请材料：提交被探望亲属在香港或者在澳门定居、长期居住、就业、就学证明复印件，交验亲属关系证明原件，并提交复印件。

亲属在香港定居的，提交香港居民身份证、港澳居民来往内地通行证复印件，亲属是外国籍的，提交香港永久性居民身份证、外国护照复印件；亲属在香港长期居住的，提交香港居民身份证、有效期一年以上的有效香港进入许可，以及有效旅行证件复印件；亲属在香港就业、就学的，提交相应香港进入许可复印件，以及有效旅行证件复印件。

亲属在澳门定居的，提交澳门居民身份证、港澳居民来往内地通行证复印件，亲属是外国籍的，提交澳门永久性居民身份证、外国护照复印件；亲属在澳门长期居住的，提交澳门居民身份证或者澳门特别逗留证、有效旅行证件复印件；亲属在澳门就业的，提交澳门主管部门批准在澳门就业的证明文件复印件、有效旅行证件复印件；亲属在澳门就学的，提交澳门高校录取通知书或者在学证明书复印件、有效旅行证件复印件。

亲属关系证明包括：结婚证、出生证、载明亲属关系的户口簿、由户口所在地公安派出所出具的亲属关系证明、其他能够证明亲属关系的具有法律效力的证明。

两年内再次申请赴香港或者澳门探望同一亲属（配偶和姻亲除外）的，免交亲属关系证明。

2. 商务

（1）申请条件：企业机构人员、个体工商户经营者赴香港、澳门从事商务活动的或者驾驶专用交通工具往返广东省与香港或者澳门。“企业机构”是指经国家工商管理部门登记注册，具有独立法人资格的企业及其分支机构；在国家税务部门办理了税务登记的从事生产经营活动的机构；境外企业常驻内地代表机构。申请多次商务签注的，企业机构须事先向所在地有审批权的公安机关出入境管理部门备案。

（2）申请材料：交验工商营业执照副本或者有关登记证书、税务登记证书并提交复印件；企业机构人员还须提交企业机构为本人缴纳社会保险的凭证（申请多次商务签注的，须连续 6 个月以上缴纳社会保险）或者本人属于该企业机构的有关证明文件；企业机构出具的赴港澳商务活动事由说明。

企业机构在备案时已提交过上述有关证明材料的，企业机构人员在备案有效期内申请商务签注时无须重复提交有关证明材料。

3. 团队旅游

（1）申请条件：参加文化和旅游部指定旅行社组织的团队赴香港或者澳门旅游。

（2）申请材料：免交与申请事由相关的申请材料。

4. 个人旅游

（1）申请条件：开办个人赴港澳旅游业务城市的常住户口居民，或者符合公安部规定条件的非常住户口居民，申请个人赴香港或者澳门旅游。

（2）申请材料：免交与申请事由相关的申请材料。

5. 逗留

（1）申请条件：经香港有关部门批准赴香港随任、就学、就业、居留、培训以及作为受养人赴香港依亲的；经澳门有关部门批准赴澳门随任、就学、就业人员，经澳门有关部门批准赴澳门居留的就业人员亲属。

（2）申请材料：赴香港随任、就学、就业、居留、培训人员或者作为受养人赴香港依亲的人员，须交验香港入境事务处出具的相应进入许可原件，并提交复印件。通过劳务经营公司申请赴香港就业的，还须提交有关地方商务主管部门出具的对香港特别行政区劳务合作项目审核表复印件。逗留签注有效期届满，继续申请逗留签注的，交验香港入境事务处出具的延期许可原件，并提交复印件。

赴澳门随任，须提交中央人民政府驻澳门特别行政区联络办公室人事部出具的驻澳门内派人员未成年子女随任身份证明表。赴澳门就学，须交验澳门高等教育辅助办公室出具的确认录取证明书及澳门高等院校录取通知书原件，并提交复印件；逗留签注有效期届满，继续申请逗留签注的，提交澳门高等院校出具的在学证明原件。赴澳门就业，须交验澳门治安警察局出入境事务厅出具的“外地雇员逗留许可”名单或者澳门人力资源办公室、澳门社会文化司出具的有申请人姓名的批准文件原件，并提交复印件；通过劳务经营公司申请赴澳门就业，还须提交有关地方商务主管部门出具的对澳门特别行政区劳务合作项目审核表复印件；逗留签注有效期届满，继续申请逗留签注的，提交澳门治安警察局出入境事务厅出具的有申请人姓名的续期名单表，或者交验澳门人力资源办公室、澳门社会文化司出具的有申请人姓名的批准文件原件，并提交复印件。赴澳门就业人员的亲属，须交验澳门治安警察局出入境事务厅出具的批准通知书原件，并提交复印件。

6. 其他

（1）申请条件：因治病、奔丧、探望危重病人、诉讼、应试、处理产业、学术交流等特殊事由申请赴香港或者澳门；持逗留签注在香港（澳门）期间，申请前往澳门（香港）的。

（2）申请材料：持逗留签注在香港（澳门）期间申请赴澳门（香港）的，须交验往来港澳通行证及逗留签注原件，并提交复印件。因其他特殊事由申请赴香港或者澳门，须交验与申请事由相关的申请材料原件，并提交复印件。

五、申请方式

申请人须本人提出往来港澳通行证和签注申请，但有下列情形之一的，按照相应规定提交申请：

（1）未满16周岁人员申请往来港澳通行证的，由监护人或者监护人委托他人陪同申请。监护人应当提交监护证明（如出生证明、户口簿等）、居民身份证等身份证明并留存复印件；监护人委托他人陪同的，还须提交委托书及陪同人的居民身份证等身份证明并留存复印件。

（2）已持有效往来港澳通行证，在原往来港澳通行证或者原签注申请受理部门申请签注的，可以委托他人代为申请。委托他人代为申请的，委托人须出具委托书，被委托人须交验本人居民身份证原件，并提交复印件。申请人在港澳地区的，不得委托他人代为申请。

（3）已持有效往来港澳通行证，通过劳务经营公司组织赴香港或者澳门就业的，以及在港澳就业期间继续申请逗留签注的，可由劳务经营公司代为申请逗留签注。劳务经营公司须事先将公司印章、负责人签名向劳务经营公司所在地有关公安机关出入境管理部门备案。

（4）内地居民按照有关规定在香港或者澳门向深圳或者珠海签证办提出申请的，可通过香港或者澳门中国旅行社提交有关申请材料。

六、各类签注签发规定

1. 探亲签注（T）

探望兄弟姐妹、（外）祖父母、（外）孙子女的，可签发 3 个月一次签注，在香港或者澳门逗留不得超过 14 天；探望配偶、父母或者配偶的父母，子女或者子女的配偶的，可签发 3 个月多次签注，在香港或者澳门逗留不得超过自首次进入之日起 90 天；申请赴港澳地区探望配偶且与港澳配偶生育有未成年子女的，可以签发 1 年多次签注，每次在香港或者澳门逗留不得超过 90 天。

有特殊家庭困难的，经省级公安机关出入境管理部门核准，可以签发 1 年多次签注，每次在香港或者澳门逗留不得超过 90 天。

对随同申请人可签发与主申请人有效期、有效次数相同的探亲签注。

2. 商务签注（S）

已备案的企业机构人员，根据备案规定，可以签发 3 个月一次签注、3 个月多次签注、1 年多次签注（赴澳门签注除外），每次在香港或者澳门逗留不得超过 7 天。

未备案的企业机构人员或个体工商户经营者，签发 3 个月一次签注，在香港或者澳门逗留不得超过 7 天。

驾驶往返广东省与香港或者澳门专门交通工具人员，可以签发 3 个月多次签注或者 1 年多次签注，每次在香港或者澳门逗留不得超过 7 天。

3. 团队旅游签注（L）

申请赴香港，可以签发 3 个月一次签注、3 个月二次签注、1 年一次签注、1 年二次签注，每次在香港逗留不得超过 7 天；属于公安部出入境管理局规定的特别情形的，可签发 3 个月一次签注，每次在香港逗留不超过 3 天。

申请赴澳门，可以签发 3 个月一次签注、1 年一次签注，每次在澳门逗留不超过 7 天。

4. 个人旅游签注（G）

申请赴香港，可以签发 3 个月一次签注、3 个月二次签注、1 年一次签注、1 年二次签注，每次在香港逗留不得超过 7 天；对经批准实施多次“个人游”试点政策的城市居民，符合公安部规定条件的，可按照有关规定签发 1 年多次签注，每次在香港逗留不超过 7 天。

申请赴澳门，可以签发 3 个月一次签注、1 年一次签注，每次在澳门逗留不超过 7 天。

5. 逗留签注（D）

赴香港随任、就学、就业、居留、培训，以及作为受养人赴香港依亲的人员，签发多次签注；签注有效期按照香港入境事务处签发的进入许可的最长有效期签发。持证人应当按照香港进入许可的规定入出香港。

赴澳门随任、就学、就业及就业人员的亲属，签发多次签注。赴澳门随任，签注有效期按照中央人民政府驻澳门特别行政区联络办公室人事部出具的驻澳门内派人员未成年子女随任身份证明表上的拟申请签注有效期签发；赴澳门就学，签注有效期按照澳门高等教育辅助办公室出具的确认录取证明书批准的学习期限签发，但最长不超过 1 年。赴澳门就业，签注有效期按照澳门治安警察局出入境事务厅或者澳门人力资源办公室、社会文化司批准的期限签发。赴澳门就业人员的亲属，签注有效期按照澳门治安警察局出入境事务厅批准的期限签发。持证人每次在澳门逗留不超过澳门逗留许可有效期。

6. 其他签注（Q）

可以根据事由签发 3 个月一次签注、3 个月二次签注；有特殊情形确需多次前往香港或者澳门的，可签发 3 个月多次签注；每次在香港或者澳门逗留不得超过 14 天。

七、港澳通行证有效期

往来港澳通行证的有效期分为 5 年和 10 年两种：有效期为 5 年的往来港澳通行证发给申请时未满 16 周岁的申请人；有效期为 10 年的往来港澳通行证发给申请时 16 周岁

（含）以上的申请人。

八、换发、补发要求

1. 换发、补发的情形

往来港澳通行证持证人具有下列情形之一的，可以申请换发或者补发往来港澳通行证：

（1）往来港澳通行证损毁、遗失或者被盗抢的。

（2）往来港澳通行证有效期不足6个月，或者短于拟申请签注有效期的。

（3）个人身份信息变更的。

（4）补充申请免登记使用港澳自助通关服务的。

（5）持本式往来港澳通行证需换发电子往来港澳通行证的。

（6）其他确需换发、补发往来港澳通行证的情形。

2. 申请材料

（1）内地居民在内地申请换发、补发往来港澳通行证，应按照首次申请往来港澳通行证的规定提交相关申请材料。

（2）逗留签注持有人在香港或者澳门申请换发、补发往来港澳通行证并申请逗留签注的，须提交填写完整的申请表、香港入境事务处或者澳门有关部门出具的确认其相关身份的证明。

九、办证时限

公安机关出入境管理部门受理往来港澳通行证申请后，应当在10个工作日内予以签发；单独受理签注申请后，应当在7个工作日内予以签发。因所在地区交通不便或者因特殊情况，不能按期签发的，经省级公安机关出入境管理部门批准，签发时间可以延长至20个工作日。

按照公安部有关规定在非常住户口所在地申请往来港澳通行证、签注的，公安机关出入境管理部门应当在30日内予以签发。

内地居民因赴港澳地区治病、探望危重病人、奔丧等特殊情况亟须申请往来港澳通行证、签注的，公安机关出入境管理部门应当按照急事急办的原则，优先审批办理。

十、特殊情形

（1）内地居民所持往来港澳通行证在香港或者澳门遗失或者损毁，可通过香港或者澳门中国旅行社向深圳签证办或者珠海签证办申请一次有效出入境通行证返回内地。

（2）持逗留签注在香港或者澳门的内地居民，返回内地期间，往来港澳通行证及逗留签注遗失、损毁或者失效，因特殊情况亟须返回香港或者澳门，可以向深圳签证办或者珠海签证办申请一次有效出入境通行证返回香港或者澳门。

（3）定居国外的中国公民来内地后需前往香港或者澳门的，可向居住地设区的市以上公安机关出入境管理部门申请往来港澳通行证和一次或者二次有效其他签注。申请人除按规定填写申请表及提交相应事由证明材料外，还须交验中国护照和定居国外证明原件，并提交复印件。

往来港澳通行证样本如图 2-1 所示：

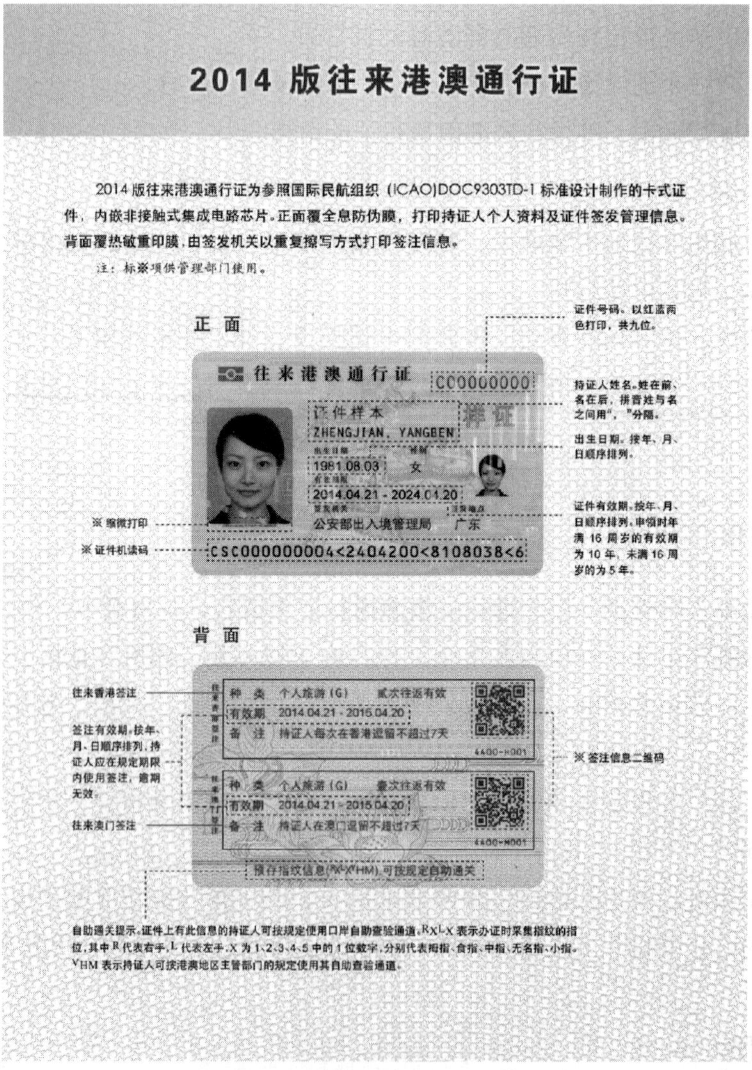

图 2-1　往来港澳通行证样本

第三节　大陆居民赴台湾旅游

一、申请往来台湾地区的条件与地区

大陆居民往来台湾的条件：因私事前往台湾旅游、探亲、定居、访友、接受和处理财产，处理婚丧及其他私人事务；应邀赴台进行经贸、交流活动，进行经济、文化、科技、体育、学术等活动或者参加两岸事务性商谈、采访，以及执行海峡两岸直航航运任务等。

大陆地区开放台湾旅游的省市包括：北京市、天津市、辽宁省、上海市、江苏省、浙江省、福建省、山东省、湖北省、广东省、重庆市、云南省、陕西省、河北省、山西省、吉林省、黑龙江省、安徽省、江西省、河南省、湖南省、广西壮族自治区、海南省、四川省、贵州省。

二、大陆居民往来台湾通行证

大陆居民往来台湾通行证（见图 2-2），俗称赴台证、陆胞证或大陆证，为中华人民共和国公安部发给大陆地区居民前往中国台湾地区的旅行通行证件。2015 年 7 月 1 日起，大陆居民往来台湾通行证有效期从 5 年延长至 10 年。

大陆居民往来台湾通行证实行逐次签注，7 个工作日内办结。往来台湾通行证签注种类及有效期如下：

L 签注：团队旅游，3 个月一次有效、一年多次有效；

G 签注：个人旅游，6 个月一次有效；

T 签注：探亲、团聚、探病，6 个月一次有效，1 年、2 年、3 年多次有效；

J 签注：居留、依亲、返乡，3 年多次有效；

X 签注：就学，有效期与学制相应的多次有效签注；

D 签注：定居、返台，6 个月一次有效；

Q 签注：其他（访友、接受和处理财产、处理婚丧事宜、诉讼等私人事务，赴台就医或陪护，对

图 2-2　大陆居民往来台湾通行证封面

台近海渔工派遣劳务)，6 个月一次有效；

C 签注：乘务（执行两岸直航航运任务的乘务人员），1 年多次有效；

Y 签注：持国务院台办“赴台批件”赴台进行经济、文化、科技、体育、学术等交流活动，或者参加会议、进行两岸事务性商谈、采访，6 个月一次有效，1 年、2 年、3 年多次有效；

F 签注：持国务院台办“应邀赴台立项批复”赴台进行经贸、交流活动，6 个月一次有效，1 年、2 年、3 年多次有效；

其中，个人旅游签注为 6 个月出入境一次有效，可在台湾停留时间为自入境次日起不超过 15 天；团队旅游签注为 3 个月一次出入境有效，可在台湾停留时间为自入境次日起不超过 10 天。

三、大陆居民申请往来台湾地区须提交的材料

（1）提交填写完整的大陆居民往来台湾地区申请表。

（2）提交正面免冠白底彩色近照 2 张，规格为 33 毫米×48 毫米。

（3）交验身份证件。交验申请人有效居民身份证（未满 16 周岁的除外）、户口簿原件，并提交复印件。代办的，交验代办人居民身份证原件，并提交复印件。定居国外的中国公民来大陆后申请前往台湾，由暂住地的公安机关出入境管理部门受理。须交验本人有效的中华人民共和国护照或中华人民共和国旅行证、定居国外的证明，并提交复印件。

（4）交验有效的入台许可证明，并提交复印件。

（5）已持有效大陆居民往来台湾通行证的，提交证件原件。

（6）单位意见。登记报备的国家工作人员申请前往台湾，须提交所在工作单位意见。持国务院台办“赴台批件”的人员申请前往台湾，无须提交所在工作单位意见。

（7）提交与申请事由相应的证明材料：

1）应邀前往台湾的，提交国务院台办“赴台批件”原件，或经省、自治区、直辖市政府台办确认盖章的复印件。在非常住户口所在地申请的，提交工作证明，交验暂住证原件，并提交复印件。由组团单位代办的，代办人须提交单位介绍信。

2）经国务院台办经济局审核立项前往台湾进行经贸交流活动的，提交国务院台办经济局“关于应邀往来台湾立项批复”原件。

（8）申请补发、换发证件，须提交下列有关证明：

1）补发证件的，提交证件报失地公安机关出具的证明。

2）换发证件的，提交原持有的大陆居民往来台湾通行证；证件损毁的，提交证件损毁说明书。

赴台个人旅游，在取得大陆居民往来台湾通行证及签注后，申请人还须通过有赴台旅游经营资质的旅行社申请入台许可，即“中华民国”台湾地区入出境许可证。

四、台湾地区入出境许可证

台湾地区入出境许可证（见图 2－3），简称入台证，是台湾地区“内政部门”发给大陆地区及港澳地区居民，用以出入台湾地区的证件。

大陆地区居民需与大陆居民往来台湾通行证一并查验，港澳地区居民需与相应护照一并查验。

持有台湾地区护照人士无须申请入台证，持有外国护照人士除非适用免签证，否则应申请台湾签证。持有台湾地区的护照及其他外国护照或旅行证件不可申请入台证。

图 2－3　台湾地区入出境许可证封面

五、申请入台证资料

1. 大陆地区居民来台从事个人旅游申请书

申请书应详细如实填写，不得空白，如无数据，亦要填写“无”（所填联系电话要能联系上本人，现职填某某单位某某职位，学生填学校名）。

2. 往来台湾通行证扫描件

彩色扫描通行证原件有照片页及签注页（证件有效期必须为 6 个月以上）。

3. 身份证复印件

正反两面原件彩色扫描件（证件有效期必须为 6 个月以上）。

4. 1 年以内白底 2 寸彩色相片 2 张

用铅笔在背面注明姓名及出生日期。申请入台证的照片规格：1 年内新拍，彩色白色背景正面脱帽，宽、高为 3.5 厘米×4.5 厘米，脸部自头顶至下巴为 3.2 厘米～3.6 厘米（此照片要求非常严格，请一定按要求提供）。如所附通行证核发日期未超过 2 年，免另备照片，可扫描使用通行证上的照片（扫描件要清晰，不可反光）。

5. 在职人士或无业人士、退休人士提供资信证明（三选一）

（1）人民币5万元以上银行存款证明，存款日期必须是入台证申请前的一个月或以上，存款余额至递交资料日期间必须达到人民币5万元（须盖有银行或金融机构章戳原件）。

（2）年薪人民币12.5万元以上的薪资证明（原件，需加盖单位公章），附加公司营业执照原件彩色扫描或复印件并加盖公章。

（3）提供申请人所持有大陆银行信用卡金卡、白金卡、无限卡原件正反面彩色扫描件（借记卡/理财卡不适用）（卡上显示：GOLD、PLATINUM、Infinite等标志）。

6. 在校学生（只接受大陆地区全日制在读学生申请，不含在香港或澳门及海外就读的大陆学生）

（1）须提供就读学校的在校证明原件或提供学生证（全页）原件扫描件。

（2）满18岁的学生可自行前往，但须提供父母同意书及与父母关系的证明文件（出生证及居民户口簿）。

（3）不满18岁的学生须父母或父母其中一方陪同才能前往，须提供与父母关系证明文件（出生证及居民户口簿）。

7. 大陆地区居民紧急联系人资料表

必须由直系亲属担保（满20周岁），提供居民身份证及全家居民户口簿，并附加相关关系证明。

直系亲属：

（1）如系夫妻关系，提供结婚证整本扫描件。

（2）如系父母与子女关系，提供子女的出生证明或派出所/公安局所开具的出生/关系证明。

（3）如系兄弟姐妹关系，提供派出所/公安局的关系证明（以上相关资料须提供原件扫描件）。

8. 大陆地区居民申请来台从事个人旅游行程表

适用于自行安排行程者；行程单里要确定航班及酒店；有台湾亲属的要填写亲属的住址电话及姓名，没有亲属的要填写入住酒店及电话和地址（行程须逐日填写并注明每日行程所涉及的县市及地点）。

9. 大陆地区居民随同亲属名册

随行配偶及亲属关系证明文件（单人赴台，无须填写）。

赴台自由行个人游申请资料如表2－1所示：

表 2-1　赴台自由行个人游申请资料表

大陆居民往来台湾通行证	6 个月以上有效期的往来台湾通行证 ＋台湾旅游签注（G 签） （申请人自行办理）
申请表格	一来台湾从事自由行个人旅游申请书 一紧急联络人资料表 一台湾个人旅游行程表 一随同亲属名册表
身份证明	一身份证正反面复印件 一户口簿整本复印件（到第一页空白页） 一 2 寸白底彩色照片 2 张
紧急联络人	大陆紧急联络人身份证及整本户口簿复印件（须为出行者直系亲属/兄弟姐妹/配偶）；如配偶作为紧急联络人，除上述两条还须提供夫妻结婚证复印件
赴台自由行旅游者资质证明文件	
非在校学生（三选一）	一年收入证明，年收入必须在 12.5 万元人民币以上 一 5 万人民币银行定期存款证明，注明冻结期在旅行回来日期后 一本人所持大陆银行或金融机构核发的（白）金卡或（白）金卡证明
在校学生（包括大学、职业学校，也包括在职读研、在职读博等）	一本人现就读学校的学生证或在校证明 一如果申请人年龄在 18～20 岁（含 20 岁），须提交父母或直系亲属同意书
18 岁以下未成年	不得单独申请台湾自由行个人游，须由直系亲属（只限父母）陪同前往；如户口簿能体现与同行的父母亲关系，须提供整本户口簿复印件；如户口簿不能体现与同行的父母亲关系，须提供出生证明复印件

第四节　中国公民赴国外旅游

一、护照

中国公民出国旅游需要持护照，按照旅游目的地国家或地区要求办理签证手续。

护照是一个国家的公民出入本国国境和到国外旅行或居留时，由本国颁发的一种证明该公民国籍和身份的合法证件。护照（Passport）一词在英文中是口岸通行证的意思。也就是说，护照是公民通过各国国际口岸的一种证明。

（一）护照种类

中华人民共和国护照分为外交护照、公务护照、普通护照（特区护照）。公务护照又分为公务护照和公务普通护照。特区护照分为香港特别行政区护照和澳门特别行政区护照。外交护照、公务护照和公务普通护照统称因公护照，普通护照俗称因私护照。

1. 外交护照

由外交部颁发给中国党、政、军高级官员，全国人民代表大会、中国人民政治协商会议和各民主党派的主要领导人，外交官员、领事官员及其随行配偶、未成年子女和外交信使等。

2. 公务护照

由外交部、中华人民共和国驻外使、领馆或者外交部委托的其他驻外机构，以及外交部委托的省、自治区、直辖市和设区的市人民政府外事部门颁发给中国各级政府部门副县、处级（含）以上公务员、中国派驻国外的外交代表机关、领事机关和驻联合国组织系统及其专门机构的工作人员及其随行配偶、未成年子女等。

3. 公务普通护照

由外交部、中华人民共和国驻外使、领馆或者外交部委托的其他驻外机构，以及外交部委托的省、自治区、直辖市和设区的市人民政府外事部门颁发给中国各级政府部门副县、处级以下公务员和国有企事业单位因公出国人员等。

4. 普通护照

由出入境管理机构或者公安部委托的县级以上地方人民政府公安机关出入境管理机构，以及驻外使、领馆和驻香港、澳门公署颁发给前往国外定居、探亲、学习、就业、旅行、从事商务活动等非公务原因出国的中国公民。

5. 香港特别行政区护照

由中央人民政府依据《中华人民共和国香港特别行政区基本法》授权香港特区政府签发。持有香港永久性居民身份证，并享有香港特别行政区居留权的中国公民，均有资格申请电子护照。香港特别行政区入境事务处于 2007 年 2 月起开始签发香港特别行政区电子护照。

6. 澳门特别行政区护照

由中央人民政府依据《中华人民共和国澳门特别行政区基本法》授权澳门特区政府签发。澳门特别行政区的永久性居民中的中国公民和持有澳门特别行政区永久性居民身份证者均可申请。澳门特别行政区身份证明局于 2009 年 1 月起开始签发澳门特别行政区电子护照。

中华人民共和国相关护照封面如图 2－4 所示。

图 2-4　中华人民共和国相关护照封面

（二）申请护照要求

1. 因私申请普通护照

中国公民在国内申请普通护照，应当由本人向其户籍所在地县级以上地方人民政府公安机关出入境管理机构提出，并提交下列真实有效的材料：

（1）近期免冠照片一张及填写完整的中国公民因私出国（境）申请表。

（2）居民身份证和户口簿及复印件；在居民身份证领取、换领、补领期间，可以提交临时居民身份证和户口簿及复印件。

（3）未满 16 周岁的公民，应当由其监护人陪同，并提交其监护人出具的同意出境的意见、监护人的居民身份证或者户口簿、护照及复印件。

（4）国家工作人员应当按照有关规定，提交本人所属工作单位或者上级主管单位按照人事管理权限审批后出具的同意出境的证明。

（5）省级地方人民政府公安机关出入境管理机构报经公安部出入境管理机构批准，要求提交的其他材料。

现役军人申请普通护照，按照管理权限履行报批手续后，由本人向所属部队驻地县级以上地方人民政府公安机关出入境管理机构提出。

常住在国外的中国公民办理普通护照换发或补发等业务，应当由本人（未满16周岁的公民，应当由其监护人陪同）向负责其所在领区的中国驻外使、领馆提交申请。

2. 因公申请护照

现行中国因公出国管理体制主要包括以下内容：

（1）出国任务审批制度。赴国（境）外执行公务的因公出国人员须由派遣部门向上级拥有外事审批权的部门申请因公出国任务批件，审批部门根据派遣部门提交的申请材料进行审批，主要审查出国任务是否有明确的公务目的和实质内容，人员组成是否合理。

（2）出国人员审查制度。因公出国人员的审查一律由授权的部门归口负责，主要审查该出国团组成员有无犯罪记录、工作表现和个人品质等。

（3）因公护照颁发制度。派遣部门持因公出国任务批件、出国人员审查批件以及其他相关材料，向发照机关申领护照。发照机关根据规定对派遣部门提交的上述材料审核无误后，颁发相应的护照。如发现不符合中央、国务院有关规定精神或有弄虚作假、骗取护照的情况，发照机关有权拒绝发照。

（4）因公护照的集中保管制度。因公护照实行统一管理、分级保管、层层负责的原则。因公出国人员须在其回国后交回其所持护照，由本单位或上级主管部门登记、管理，保证因公护照只能用于出国执行公务目的。

二、旅行证

中华人民共和国旅行证（见图2-5）是中华人民共和国护照的替代证件，前往世界各国均有效。中华人民共和国旅行证的签发、换发、补发和加注由中华人民共和国的外交代表机关、领事机关和外交部授权的其他驻外机构办理。

根据中国领事服务网（http://cs.mfa.gov.cn/）公示，中华人民共和国旅行证是代替护照使用的国际旅行证件，由中国驻外国的外交代表机关、领事机关及其他外交部授权的驻外机关颁发给以下人员：

（1）未持港澳居民来往内地通行证或台湾居民来往大陆通行证需回内地的港澳台同胞。

（2）持台湾身份证件无法申请外国签证的台胞。

（3）因时间等条件限制来不及申领护照的中国公民。

在中华人民共和国驻新加坡共和国大使馆网站上，对于申请旅行证的办理条件如下：

（1）未持有港澳居民来往内地通行证，但拟前往中国内地的港澳同胞。

（2）未持有台湾居民来往大陆通行证，但拟前往中国大陆或需从国外直接前往香港、澳门特别行政区的台湾同胞。

（3）短期出国期间遗失护照的人员。

（4）所持护照或海员证已过期的海员。

（5）根据中国国籍法具有中国国籍，但依据外国国籍法获得外国护照的儿童。

（6）领事官员认为不便或不必持用护照的其他人员。

根据《中华人民共和国护照法》第二十三条的规定："短期出国的公民在国外发生护照遗失、被盗或者损毁不能使用等情形，应当向中华人民共和国驻外使馆、领馆或者外交部委托的其他驻外机构申请中华人民共和国旅行证。"

图 2－5　中华人民共和国旅行证封面

上述人员可向附近的中国驻外使领馆申请旅行证回国，并提供下列真实有效材料：

（1）护照复印件（无护照复印件的除外）。

（2）当地有效签证复印件（无签证复印件的除外）。

（3）护照损毁、遗失或被盗的情况说明。

（4）报警记录（非必要材料）。

（5）填写完整的中华人民共和国护照/旅行证/回国证明申请表。

（6）近期免冠照片一式三张。

第五节　其他相关证件

一、中华人民共和国香港特别行政区签证身份书

中华人民共和国香港特别行政区签证身份书（见图 2－6）由香港特区政府入境事务处颁发给以下几类人员：

（1）已获准在香港有逗留期限居留，但无法取得任何国家的护照或其他地区的旅行证件的人员。

（2）已获准在香港不受条件限制居留，但不拥有香港居留权，且无法取得任何国家的护

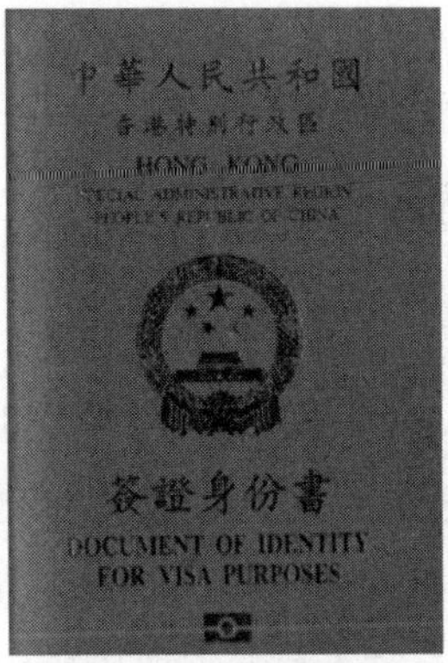

图 2－6　中华人民共和国香港特别行政区签证身份书封面

照或其他地区的旅行证件的人员。

(3) 已取得香港居留权及持有香港永久性居民身份证，但无法取得任何国家的护照或其他地区的旅行证件的非中国籍人员。

二、中华人民共和国香港特别行政区入境身份陈述书

中华人民共和国香港特别行政区入境身份陈述书由使、领馆颁发给丢失或损毁香港特区护照或特区其他旅行证件且亟须返港的香港居民。

三、中华人民共和国澳门特别行政区旅行证

图 2-7 中华人民共和国澳门特别行政区旅行证封面

中华人民共和国澳门特别行政区旅行证（见图 2-7）由澳门特区政府身份证明局颁发给以下几类人员：

(1) 澳门特别行政区的非永久性居民中的中国公民。

(2) 持有澳门特别行政区非永久性居民身份证者。

(3) 无权取得澳门特区其他旅行证件者。

四、回国证明

由使、领馆颁发给被驻在国遣返的中国公民，仅供其返回中国时证明其国籍和身份，有效期为 3 个月。

五、边境证与海员证

2006 年 4 月 30 日公布的《中华人民共和国护照法》第二十四条规定：“公民从事边境贸易、边境旅游服务或者参加边境旅游等情形，可以向公安部委托的县级以上地方人民政府公安机关出入境管理机构申请中华人民共和国出入境通行证。”

第二十五条规定，公民以海员身份出入国境和在国外船舶上从事工作的，应当向交通运输部委托的海事管理机构申请中华人民共和国海员证。

六、APEC 商务旅行卡

（一）APEC 商务旅行卡简介

1. APEC 商务旅行卡计划

亚太经合组织（APEC）成立后，为加强区域内经济合作，促进商务人员自由流动，菲律宾、韩国、澳大利亚于 1996 年 11 月在菲律宾 APEC 领导人非正式会议上发起 APEC 商务旅行卡计划（APEC Business Travel Card Scheme，ABTC），倡议加入计划的经济体相互为其商务人员提供多边长期签证和快速通关礼遇（各经济体在其主要边防口岸均设有 APEC 商务旅行卡专用通关通道）。该计划于 1997 年开始实施。

《APEC 商务旅行卡操作框架》是该旅行卡计划的基础文件，规定了该计划的操作办法。除中国香港外，加入该计划的经济体只受理本经济体公民办卡申请。中国香港的申请人应具有香港永久性居民身份，不限国籍。该旅行卡的申请人不能有犯罪记录。

目前，APEC 21 个经济体均已加入该计划，这些经济体包括：澳大利亚、文莱、加拿大、智利、中国、中国香港、印度尼西亚、日本、韩国、马来西亚、墨西哥、新西兰、巴布亚新几内亚、秘鲁、菲律宾、俄罗斯、新加坡、中国台北、泰国、美国和越南。

2. 我国实施情况

2001 年 10 月，中国政府宣布加入 APEC 商务旅行卡计划。中国大陆、台湾和香港之间人员往来仍按原办法办理，互不适用旅行卡。

2002 年第一次 APEC 会议期间，时任驻墨西哥大使的外交部副部长李金章与 APEC 商务人员流动专家组签署中国加入及遵守《APEC 商务旅行卡操作框架》的换文，正式加入商务旅行卡计划。

2003 年 12 月，外交部领事司开始受理旅行卡申请。2004 年 3 月，外交部领事司开始颁发商务旅行卡。

APEC 商务旅行卡样本见图 2－8。

图 2－8　APEC 商务旅行卡样本正面、背面

3. APEC 商务旅行卡的优势

申请人一次申办，长期有效，多次入境，每次入境至少可停留 60 天。此外，各经济体普遍为持卡人提供入出境通关便利。

4. 有效期

对 2015 年 8 月 31 日及之前推送至外方审批的申请，颁发的商务旅行卡有效期为 3 年，对 2015 年 9 月 1 日及之后推送至外方审批的申请，颁发的商务旅行卡有效期为 5 年。

APEC 商务旅行卡原则上只适用于以商务活动为目的的国际旅行而不能用于旅游、探亲、访友、看病等非商务目的的活动。部分国家允许非商务目的的旅行，具体要求以外交部领事司通知为准。

5. 使用范围

根据《APEC 商务旅行卡操作框架》规定，除中国香港外，加入计划的经济体只受理本经济体公民的办卡申请。

根据有关规定，目前我国公民中有资格申办 APEC 商务旅行卡的有：

（1）从事 APEC 事务的政府官员或负责商务旅行卡业务的政府官员，以及在 APEC 组织任职的中国籍官员。

（2）中央管理的大型国有企业中的管理人员、主要业务人员和技术人员。

（3）地方国有企业人员。

（4）民营企业人员。

（5）中外合资、外商独资和台港澳资企业中的中方（大陆）人员。

上述人员须持有效中华人民共和国护照，因工作需要经常前往 APEC 经济体，无刑事犯罪记录或被外国特别是实施商务旅行卡计划的经济体拒签的记录。

（二）申请 APEC 商务旅行卡

1. 申请材料

我国商务旅行卡工作实行由申请人所属企业或部门初审、地方外办复审和外交部领事司终审的三级审批管理制度。当前，复审权均已全面下放至各地方外办，各地可结合自身实际情况制定相应的申请、管理办法。各地所要求的材料不尽相同，申请人需自行联系当地人民政府外事办公室了解具体情况。

2. 申请程序

（1）从事 APEC 事务的政府高级官员或负责商务旅行卡业务的政府官员，以及在

APEC组织任职的中国籍官员。政府官员由申请人所属单位按因公出国管理审批程序，将申请人材料送有外事审批权的上级主管部门进行审核；在APEC组织任职的中国籍官员由申请人原所属单位审核申请材料或将其材料送该单位有外事审批权的上级主管部门审核。相关部门审核后将有关材料送外交部领事司审查，领事司审查合格并获其他经济体批准后为申请人颁卡。

（2）中央管理的大型国有企业人员。由申请人所属企业按因公出国管理审批程序，在对申请人材料进行审核后，将有关资料送外交部领事司审查，领事司审查合格并获其他经济体批准后为申请人颁卡。

（3）地方国有企业人员。由申请人所属企业按因公出国管理审批程序，将申请资料送至企业注册所属地省、自治区、直辖市、计划单列市、经济特区、沿海开放城市、副省级市人民政府外事办公室，新疆生产建设兵团外事局、呼伦贝尔市人民政府外事办公室或苏州工业园区外事办公室审核。有关外办审核合格后将有关资料送外交部领事司审查。领事司审查合格并获其他经济体批准后为申请人颁卡。

（4）民营企业人员、中外合资、外商独资和台港澳资企业中的中方（大陆）人员。由申请人所属企业将申请人材料送至企业注册所属地省、自治区、直辖市、计划单列市、经济特区、沿海开放城市、副省级市人民政府外事办公室，新疆生产建设兵团外事局、呼伦贝尔市人民政府外事办公室或苏州工业园区外事办公室审核。有关外办审核合格后将有关资料送外交部领事司审查。领事司审查合格并获其他经济体批准后为申请人颁卡。

第六节　签证

一、签证的定义

签证是一国政府机关依照本国法律规定为申请入出或通过本国的外国人颁发的一种许可证明。

根据国际法原则，任何一个主权国家都有权自主决定是否允许外国人入出其国家，有权依照本国法律颁发签证、拒发签证或者对已经签发的签证宣布吊销。

签证通常附载于申请人所持的护照或其他国际旅行证件上。在特殊情况下，凭有效护照或其他国际旅行证件可做在另纸上。随着科技的进步，有些国家已经开始签发电子签证和生物签证，大大增强了签证的防伪功能。

二、签证的类别

签证一般分为入境签证和过境签证两个类别，有的国家还有出境签证。中国的签证分为入境签证和过境签证两个类别。

1. 入境签证

入境签证是指准予持证人在规定的期限内，由对外开放或指定的口岸进入该国国境的签证。中国入境签证自颁发之日起生效，有的国家另行明示入境签证生效日期。

口岸签证是入境签证的一种，是指一国签证机关依法在本国入境口岸向已抵达的外国人颁发的签证。实行口岸签证的国家都规定了申办口岸签证的条件和程序。有一些国家把口岸签证称为落地签证，办理落地签证手续相对简单。

2. 过境签证

过境签证是准予持证人在规定的期限内，由对外开放或指定的口岸经过该国国境前往第三国的签证。要取得过境签证，需事先获取目的地国家或地区的有效入境签证或许可证明（免签国家或地区除外）。按国际惯例，有联程机票，在24小时之内不出机场直接过境人员一般免办签证，但部分国家或地区仍要求过境本国或地区的外国人办理过境签证。

3. 出境签证

出境签证是指准予持证人经对外开放或指定的口岸离开该国国境的签证。有些国家不限出境口岸。包括中国在内的很多国家已取消出境签证，外国人在签证准予停留的期限内或居留证件有效期内凭有效证件出境。

4. 其他类别

有的国家还设立有入出境签证、出入境签证和再入境签证等类别。中国现行签证中无这些类别。

三、签证的种类

各国签证的种类多又不尽相同。根据持照人身份、所持护照种类和访问事由不同，一般将签证分为外交签证、礼遇签证、公务签证和普通签证四种。有的国家根据来访者的事由将签证分为旅游、访问、工作、学习、定居等类别。

1. 外交签证

外交签证（Diplomatic Visa）是一国政府主管机关依法为进入或经过该国国境应当

给予外交特权和豁免的人员所颁发的签证。外交签证一般发给持外交护照的人员。签证颁发国依据本国法规和国际惯例，给予持证人相当的方便、优遇、特权和豁免。

2. 礼遇签证

礼遇签证（Courtesy Visa）是一些国家政府主管机关依法为进入或经过该国国境可给予相应礼遇的人员所颁发的签证。这些人一般是身份高但又未持有外交护照的人员或已卸任的外国党政军高级官员及知名人士。签证颁发国根据本国法规和国际惯例，给予持证人应有的尊重和礼遇。

3. 公务签证

公务签证（Service Visa）是一国政府主管机关依法为进入或经过该国国境应当给予公务人员待遇的人士所颁发的签证。公务签证一般发给持公务护照的人员。

官员签证（Official Visa）是公务签证的一种，指一些国家向持有官员护照的申请人颁发的符合其官员身份的签证，其效力同公务签证。颁发官员护照的国家一般实行相应的官员签证制度。中国没有官员签证制度。中国签证机关通常为来华执行公务的持官员护照的外宾颁发公务签证。

4. 普通签证

普通签证（Visa）是一国政府主管机关依法为因私人事务进入或过境该国的人员颁发的一种签证。普通签证一般发给持普通（因私）护照或其他有效国际旅行证件的人员。

四、签证的形式

签证在其发展过程中有不同的形式和称谓，如签注式签证、印章式签证、贴纸式签证、另纸签证，还有机读签证、电子签证等。

1. 签注式签证

签注式签证是指在有效护照上做简单的文字签注，注明准予持证人入出境的具体要求。早期的签证多采取此种形式。

2. 印章式签证

印章式签证是指将签证的固定格式刻在印章上，在做签证时，将印章盖在申请人护照或其他旅行证件的签证页上，并填写必要的内容，全部过程由手工操作。随着技术的进步，改用签证机代之，或用电脑按固定格式将签证的内容打印在护照上。

3. 贴纸式签证

贴纸签证是指将签证的内容按照固定的格式做在签证专用纸上，用不干胶将打印完成的签证贴在申请人的护照上。贴纸签证通常是用计算机打印制作。美国的贴纸签证还将申请人的照片扫描在签证纸上。加拿大的贴纸签证上无申请人的照片，但附有防伪标记，并用塑封技术将此部分塑封。

4. 另纸签证

另纸签证是指做在与护照或其他国际旅行证件分离的单页纸上的签证，是签证的一种特殊形式，必须与申请人所持的护照或其他国际旅行证件同时使用。另纸签证颁发的对象，不同国家有不同的规定。

5. 机读签证

机读签证是指适用于机器阅读的签证，是国际民航组织机读旅行证件咨询部在机读护照技术的基础上开发的一种用机器阅读和识别签证的技术。这种技术大大简化了国际旅行手续，缩短了通关时间。

6. 电子签证

一些国家利用计算机网络和磁卡技术开发出电子签证，或称隐形签证。澳大利亚和新加坡等国家已开始试用这种签证。

五、签证信息

1. 有效期

签证的入境有效期是指持证人所持签证入境的有效时间范围。非经签发机关注明，签证自签发之日起生效，于有效期满当日北京时间 24 时失效。如仍有未使用的入境次数，在有效期满前（含当日），持证人均可入境。

2. 入境次数

签证的入境次数是指持证人在签证入境有效期内可以入境的次数。入境次数用完或入境次数未用完但已过有效期的签证，均为失效签证。

3. 停留期

签证的停留期是指持证人每次入境被准许停留的时限，自入境次日开始计算。

六、申请因私出国签证（以申根签证为例）

1. 申根协议

申根是卢森堡东南边境小镇。1985 年，荷、比、卢、法、德五国在卢森堡的申根签署了旨在统一欧共体各国国家安全和难民政策的协议。其后，意大利于 1990 年，葡萄牙和西班牙于 1991 年，希腊于 1992 年先后加入该协议。1995 年奥地利加入欧共体并签署申根协议，丹麦和瑞典于 2001 年加入。目前，已有 26 个国家签署了申根协议：奥地利、比利时、捷克、丹麦、爱沙尼亚、芬兰、法国、德国、希腊、匈牙利、冰岛、意大利、拉脱维亚、列支敦士登、立陶宛、卢森堡、马耳他、荷兰、挪威、波兰、葡萄牙、斯洛伐克、斯洛文尼亚、西班牙、瑞典、瑞士。

申根协议主要内容：

(1) 取消协议国之间边境检查，相对加强协议国与非协议国之间外围边境的人员检查。

(2) 建立申根信息系统，加强协议国警察的合作，如交换案犯数据和情况。警察在追捕中可于邻国境内停留至 6 小时并拘捕犯人。

(3) 相互承认各国给予非欧共体成员国公民颁发的签证，以控制非法入境。

(4) 难民申请由其进入的第一国处理，其余各国承认其决定。

2. 申根签证的定义

申根签证是指签署申根协议的欧洲国家签发的签证。申根协议国之间的边境，已取消签证检查。持有申根协议国任何一国的申根签证，可以进入任何一个签署申根协议国。但实际上，各国颁发签证的政策和做法仍有一些差异。

3. 申根签证申请须知

(1) 申根签证属于短期入境（C 类）签证。C 类签证分为单次或多次入境签证。

(2) 申请人访问目的地为一个申根国，则向该国提交申根签证申请。

(3) 申请人访问目的地为多个申根国，则选择逗留时间最长的申根国为主要目的国，并向该国提交申根签证申请。

(4) 申请人无法确定主访问国时，以首入国的原则确认，并向该申根国提交申根签证申请。

(5) 必须事先购买涵盖整个旅行期间的意外伤害医疗保险，其中医疗、医疗救援的保额至少 3 万欧元。

(6) 如被拒签，不退签证费，但可以申诉。

4. 申根签证申请流程

(1) 申请人确定出行目的地和行程计划。

(2) 依据注意事项的提示，确定提交申请签证的申根国家。

(3) 登录该国网站，了解具体签证要求。

（4）填写申根签证申请表，准备签证申请所需资料。

（5）预约递交申请时间。

（6）到使、领馆或签证中心递交签证申请表和材料并缴纳签证费。

（7）等候签证申请审核。

（8）领取签证。

获得签证后，应及时且仔细核对签证上的各项信息是否正确，尤其是签证有效期的起止时间及停留天数是否与所申请的相符，签证上的个人信息如姓名拼写是否正确。如发现错误，应及时与相关使、领馆或签证申请中心联系。

5. 申根签证需要准备的材料

有关申办因私签证的信息，因各种原因可能存在未及时更新的情况。建议申请者在正式申办签证前认真浏览相关国家政府或驻华使、领馆网站或签证颁发机关，以获取最新消息。

（1）旅游签证：

1）申请人基本材料（见后文附件 1）。

2）机票预订单：当申请多次入境旅游签证时，提供首次旅行的机票预订单。

3）未成年人（18 岁以下）所需提交的材料（见后文附件 2）。

4）住宿证明：涵盖在申根国家停留的全部期间。

5）旅行计划：能够清晰展示旅行计划的文件（交通方式预订、行程单等）。

6）申请人偿付能力证明：提交最近 3～6 个月的银行对账单和其他材料（见后文附件 3）。

（2）商务访问或短期职业培训签证：

1）申请人基本材料（见后文附件 1）。

2）机票预订单：当申请多次入境旅游签证时，提供首次旅行的机票预订单。

3）申请人偿付能力证明：提交最近 3～6 个月的银行对账单，无须存款证明（见后文附件 3）。

① 如果旅行及生活费用由公司支付，须提供申请人（或雇主）公司偿付能力的证明。

② 如果旅行及生活费用由本人支付，须提供本人偿付能力的证明。

4）住宿证明：涵盖在申根国家停留的全部期间。

5）公司的营业执照和雇主证明信原件。

① 公司营业执照复印件加盖公章。

② 用公司正式的信头纸书写，签字并加盖公章的证明信，须包含如下信息：

a. 公司详细地址和联系人，签字人姓名和职务。

b. 申请人姓名、职务、收入和工作年限。

c. 访问目的。

d. 公司为申请人保留职位的证明。

e. 支付旅行和生活费用的单位或个人。

③ 活动或培训主办方邀请函原件应包含以下信息：

a. 公司详细地址、公司联系人及签字人的姓名和职务。

b. 访问的目的、访问持续时间及详细日程。

c. 支付旅行和生活费用的单位或个人。

d. 公司证明信原件。

e. 用公司正式信头纸，签字、加盖公章，须包含如主办方是否为确保申请人按规定返回中国提供保证金等信息。

f. 如果适用，提供商会注册证明。

（3）探亲访友签证：

1）申请人基本材料（见后文附件1）。

2）机票预订单：当申请多次入境旅游签证时，提供首次旅行的机票预订单。

3）未成年人（18岁以下）所需提交的材料（见后文附件2）。

4）正式邀请函（6个月内有效）：由目的地申根国政府出具的官方邀请函或者由担保人签字的邀请信。

5）户口簿原件和户口簿所有页的复印件。

6）申请人偿还能力证明：提交最近3～6个月的银行对账单，无须提供存款证明（见后文附件3）。

7）担保人财务担保原件：

① 如果担保人在申根国居住应提交：该担保人过去3个月的固定收入证明或担保人出具的在申根国具有法律效力的担保声明。

② 如果担保人在中国居住并邀请签证申请人一同到申根国旅行，则应提交以下材料：

a. 已签字的担保书。

b. 中国居住证（身份证）复印件。

c. 由雇主开具的收入证明。

d. 在目的地国家的居住证明或者申根国接待家庭提供的邀请信。

e. 与担保人的关系证明，须提交经外交部认证的申请人和担保人亲属关系公证书。

f. 提交证明申请人和担保人朋友关系的文件原件、照片原件、邀请信等。

（4）文化/体育活动签证：

1）申请人基本材料（见后文附件1）。

2）机票预订单：当申请多次入境旅游签证时，提供首次旅行的机票预订单。

3）未成年人（18岁以下）所需提交的材料（见后文附件2）。

4）食宿证明：涵盖在申根国家停留的全部期间。

5）中国文化或体育机构的证明信原件：需要提供英文件或中文件＋英文翻译件，用公司正式的信头纸，签字并加盖公章，须明确包含如下信息：

① 机构的详细地址、机构联系人及签字人的姓名和职务。

② 申请人姓名、职务、收入和工作年限（专业技术人员适用）。

③ 确认参加函。

④ 支付旅行和生活费用的单位。

⑤ 营业执照复印件，加盖公章（及英文翻译件）。

6）活动所在国主办方的邀请函原件，用正式的信头纸，须明确包含如下信息：

① 访问目的、停留时间、详细日程和路线安排。

② 注明文化或体育活动的费用及支付费用的单位。

③ 注明整个停留期间的住所。

（5）ADS团体签证（旅游者个人所需提交的材料）：

1）申请人基本材料（见后文附件1）。

2）未成年人（18岁以下）所需提交的材料（见后文附件2）。

3）户口簿原件（无须翻译）及户口簿所有页的复印件。

4）申请人偿付能力证明：提交最近3～6个月的银行对账单，无须提供存款证明（见后文附件3）。

6. 签证时间

（1）申请以短期（3个月之内，不包括3个月）停留为目的而得到的签证，在申根区内，可多次出入所有申根国。

（2）申请3个月以上（包括3个月）的签证为长期签证，不直接签发申根签证，申请哪个国家的签证，只能从颁发签证国入境，在到了签发国家后一周左右时间内办理长期居住手续，然后凭长期居住卡享受申根待遇。

7. 签证期限

自申根签证持有人首次进入申根国领土的首日起计算的半年内，其总停留时间不能超过3个月。

8. 受理时间

（1）使、领馆在申请人提交申请后的15个工作日内决定是否颁发签证。

(2) 在个别情况下，当需要进一步审查申请人的申请时，审查时间可能最长延长至30个工作日。

(3) 在特殊情况下，当需要申请人补交材料时，审查时间可能最长延长至60个工作日。

9. 签证费

(1) 办理申根签证须缴纳60欧元的签证费，按公布汇率折算成人民币缴纳。

(2) 6～12岁的儿童须缴纳35欧元的签证费。

(3) 属于下列情形之一的申请人可以免签证费：

1) 6岁以下的儿童。

2) 以学习或教育培训为目的进行申请的中小学生、本科生、研究生、博士生及陪同老师。

3) 来自第三国家并在申根区开展科研活动的科学研究者，且研究项目属于欧洲理事会和欧洲议会于2005年9月28日为加快第三国家科学研究者短期签证申请而通过的第2005/761/EC号建议所规定的项目。

4) 年龄在25岁及以下的非营利组织代表，以参加由非营利组织举办的会议、体育、文化或教育活动为目的。

10. 附件

附件1：申请人基本材料

(1) 有效护照（至少有2页空白页，在签证失效后至少还有3个月的有效期）。

(2) 护照照片。

(3) 签证申请表。

附件2：未成年人（18岁以下）签证所需材料

(1) 学生证＋学校出具的证明信原件及复印件。证明信须包含以下信息：

1) 学校地址和电话。

2) 准假证明。

3) 批准人姓名和职务。

(2) 未成年人单独旅行或与单方家长（监护人）旅行时应提供：

1) 由双方家长或监护人或不同行的一方出具同意出行的公证书（由外交部认证）。在境外办理时，应由境外相关政府机构办理公证。

2) 家庭关系或监护关系公证书（由外交部认证）。

附件3：偿付能力证明材料

(1) 在职人员：

1) 公司营业执照复印件，加盖公章。

2) 用公司正式信头纸（雇主）出具的证明信（英文件或中文件附英文翻译），要求签字、加盖公章并注明日期。证明信须包含如下信息：

① 公司地址、电话、传真，及公司签字人姓名、职务。

② 申请人姓名、职务、收入和工作年限。

③ 准假证明（注明假期时间）。

（2）退休人员：养老金或其他固定收入证明。

（3）未就业成年人：

1）已婚者：配偶在职收入证明和婚姻关系公证书（由外交部认证）。

2）单身/离异/丧偶：其他固定收入证明。

七、申请因公出国签证

1. 因公签证流程

（1）确定出国任务，确定邀请单位，向本单位或上级主管部门报批。

（2）由本单位或报上级主管部门进行出国任务审批。

（3）由本单位或报上级主管部门进行出国人员审批。

（4）准备签证申请材料送外交部领事司或经授权的部门或单位。

（5）受理部门或单位审核并录入相关出国团组信息。

（6）出具照会，备齐相关材料。

（7）将签证申请材料送外国驻华使、领馆。

（8）因公出国团组领取签证。

2. 所需基本材料

（1）护照。

（2）照会、公函稿纸。

（3）任务批件或确认件。

（4）二维码表格。

（5）邀请信原件及复印件。

（6）外国驻华使、领馆要求的其他材料。

3. 注意事项

（1）申请表填写。申请表必须逐项认真填写，不能有遗漏。申请表下方“申请人”栏目必须由本人亲自签名，否则有可能被退案甚至拒签。

（2）文件材料：

1）任务批件必须在有效期内。

2）必须有二维码表格。

3）使、领馆签证申请表及名单表填写项目要齐全，且与邀请信内容一致。表格结尾须申请人本人用中文签名，签证表照片须与护照照片一致。

4）邀请信须在有效期内，内容包含邀请人名单、访问目的、详细日程、经济担保等，访问日期须留出足够的申办签证时间。

5）申请材料应前后一致。例如，美国签证系统全球联网，无论何时何地申请过签证，美国使馆都可以通过网络查询到申请记录及申请人详细资料（如出生日期甚至姓名等前后不一致，都将遭到拒签）。

6）提供复印件时，须用 A4 纸复印。

（3）签名问题。护照签名应与签证申请表本人签名一致。

（4）申办时间。各国受理签证申请的时间不同，根据申请签证期限、种类不同，通常有 1 周到 3 个月之差，短期签证一般需提前 7～15 天申办，长期签证（3 个月以上）需提前 1～3 个月申办。

（5）护照要求。各国对护照有效期要求不尽相同，一般分为 3 个月、6 个月或 1 年。如护照有效期不足，须及时申办新的护照。

（6）签证有效期与停留期。领取签证后，出国人员应注意核查签证有效期和停留期。出国人员应在规定的时间内入境或过境该国，不得随意变更出访时间和路线。如因故未能在有效期内出访，须及时告知领事司，一些国家对于办了签证而实际未赴该国的情况比较重视。

（7）核对签证资料。出国人员拿到签证后，还要认真核对签证页的资料姓名、有效期等是否正确。如发现有误，须及时与领事司出国签证处联系，尽快送外国驻华使、领馆更正。

（8）关注签证要求的变化。各国对申办签证的要求可能随时变化，申办单位应及时注意领事司发布的通知。

第七节　入中国国境旅游证件

一、港澳居民来往内地通行证

港澳居民来往内地通行证（以下简称通行证）是定居在香港、澳门的中国公民来往内地使用的通行证件（见图 2－9）。

1. 申请范围

下列香港居民，无论其是否持有英国国民（海外）护照［BN（0）］、英国护照（BC）

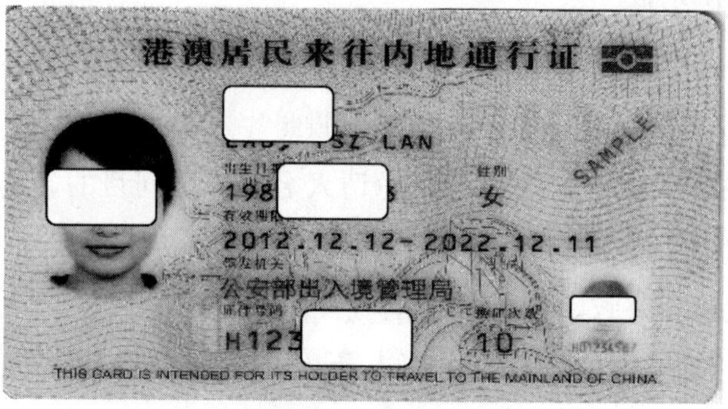

图 2-9　港澳居民来往内地通行证

或者其他外国护照、旅行证件，如未向香港入境事务处申报变革国籍，均属中国公民；下列澳门居民中的中国同胞，无论其是否持有葡萄牙旅行证件或者身份证件，均属中国公民，可申领通行证：

（1）在香港、澳门出生，具有中国血统的香港、澳门永久性居民；

（2）内地居民，经批准赴港澳定居，成为香港、澳门居民者；

（3）在中国其他地区出生的香港、澳门永久性居民中的中国公民；

（4）在外国出生的香港、澳门永久性居民中的中国公民；

（5）香港、澳门永久性居民中的外国籍或者无国籍人士，经批准恢复或者加入中国籍者。

2. 受理部门

公安部委托香港中国旅行社受理香港居民申领通行证的申请，委托澳门中国旅行社受理澳门居民申领通行证的申请。

3. 有效期

通行证的有效期分为 5 年和 10 年两种。有效期为 5 年的通行证签发给年龄不满 18 岁的港澳居民使用，有效期为 10 年的通行证签发给 18 岁以上（含 18 岁）的港澳居民使用。

4. 遗失、失效、换发

若所持港澳居民来往内地通行证失效，或者在旅途中遗失，或者因其他特殊紧急情况未持港澳居民来往内地通行证已抵达口岸的港澳居民，从 2011 年 2 月 12 日起，可向口岸公安机关出入境管理机构申请办理 3 个月一次出入境有效的出入境通行证。

旧版的港澳居民来往内地通行证因遗失、损坏或者有效期满等原因换发后，新签发的旧版通行证号码尾数会发生变化。部分港澳居民因此可能在内地办理投资、购房、银行账户等业务时遇到困难。为解决上述问题，在港澳地区的港澳居民可通过香港、澳门中国旅行社向广东省公安厅出入境管理局申请办理通行证换发证明；在内地的港澳居民可向所在地地级以上（含地级）公安机关出入境管理部门申请办理通行证换发证明。

二、台湾居民来往大陆旅行证

根据2015年7月1日起施行的《中国公民往来台湾地区管理办法》的规定，台湾居民来大陆须办理台湾居民来往大陆旅行证。

1. 办理证件

台湾居民要求来大陆的，向下列有关机关申请办理旅行证件：

（1）从台湾地区要求直接来大陆的，向公安部出入境管理局派出的或者委托的有关机构申请；有特殊事由的，也可以向指定口岸的公安机关申请。

（2）到香港、澳门地区后要求来大陆的，向公安部出入境管理局派出的机构或者委托的在香港、澳门地区的有关机构申请。

（3）经由外国来大陆的，依据《中华人民共和国护照法》，向中华人民共和国驻外国的外交代表机关、领事机关或者外交部授权的其他驻外机关申请。

2. 办理手续

台湾居民申请来大陆，须履行下列手续：

（1）交验表明在台湾居住的有效身份证明和出入境证件。

（2）填写申请表。

（3）提交符合规定的照片。

国家主管机关可以根据具体情况要求台湾居民提交其他申请材料。

三、中华人民共和国签证

1. 中国签证分类及签发部门

自2013年9月1日起施行的《中华人民共和国外国人入境出境管理条例》规定：我国签证分为外交签证、礼遇签证、公务签证、普通签证。

对因外交、公务事由入境的外国人，签发外交、公务签证；对因身份特殊需要给予礼遇的外国人，签发礼遇签证。外交签证、礼遇签证、公务签证的签发范围和签发办法由外交部规定。

对因工作、学习、探亲、旅游、商务活动、人才引进等非外交、公务事由入境的外国人，签发相应类别的普通签证（见表2-2）。普通签证的类别和签发办法由国务院规定。

表 2-2　　普通签证种类

签证种类	申请人范围
C	执行乘务、航空、航运任务的国际列车乘务员、国际航空器机组人员、国际航行船舶的船员及随行家属和从事国际道路运输的汽车驾驶员
D	入境永久居留的人员
F	入境从事交流、访问、考察等活动的人员
G	经中国过境的人员
J1	外国常驻（居留超过 180 日）中国新闻机构的记者
J2	入境进行短期（停留不超过 180 日）采访报道的外国记者
L	入境旅游人员
M	入境进行商业贸易活动的人员
Q1	因家庭团聚申请赴中国居留的中国公民的家庭成员（配偶、父母、子女、子女的配偶、兄弟姐妹、祖父母、外祖父母、孙子女、外孙子女以及配偶的父母）和具有中国永久居留资格的外国人的家庭成员（配偶、父母、子女、子女的配偶、兄弟姐妹、祖父母、外祖父母、孙子女、外孙子女以及配偶的父母），以及因寄养等原因申请入境居留的人员
Q2	入境短期（不超过 180 日）探亲的居住在中国境内的中国公民的亲属和具有中国永久居留资格的外国人的亲属
R	国家需要的外国高层次人才和急需紧缺专门人才
S1	入境长期（超过 180 日）探亲的因工作、学习等事由在中国境内居留的外国人的配偶、父母、未满 18 周岁的子女、配偶的父母，以及因其他私人事务需要在中国境内居留的人员
S2	入境短期（不超过 180 日）探亲的因工作、学习等事由在中国境内停留的外国人的家庭成员（配偶、父母、子女、子女的配偶、兄弟姐妹、祖父母、外祖父母、孙子女、外孙子女以及配偶的父母）以及因其他私人事务需要在中国境内停留的人员
X1	在中国境内长期（超过 180 日）学习的人员
X2	在中国境内短期（不超过 180 日）学习的人员
Z	在中国境内工作的人员

2. 外国人申请中国签证材料

根据《中华人民共和国外国人入境出境管理条例》第七条的规定：外国人申请办理签证，应当填写申请表，提交本人的护照或者其他国际旅行证件，以及符合规定的照片和申请事由的相关材料。

（1）申请 C 字签证，应当提交外国运输公司出具的担保函件或者中国境内有关单位出具的邀请函件。

（2）申请 D 字签证，应当提交公安部签发的外国人永久居留身份确认表。

（3）申请 F 字签证，应当提交中国境内的邀请方出具的邀请函件。

（4）申请 G 字签证，应当提交前往国家（地区）的已确定日期、座位的联程机（或车、船）票。

（5）申请J1字及J2字签证，应当按照中国有关外国常驻新闻机构和外国记者采访的规定履行审批手续并提交相应的申请材料。

（6）申请L字签证，应当按照要求提交旅行计划行程安排等材料；以团体形式入境旅游的，还应当提交旅行社出具的邀请函件。

（7）申请M字签证，应当按照要求提交中国境内商业贸易合作方出具的邀请函件。

（8）申请Q1字签证，因家庭团聚申请入境居留的，应当提交居住在中国境内的中国公民、具有永久居留资格的外国人出具的邀请函件和家庭成员关系证明，因寄养等原因申请入境的，应当提交委托书等证明材料；申请Q2字签证，应当提交居住在中国境内的中国公民、具有永久居留资格的外国人出具的邀请函件等证明材料。

（9）申请R字签证，应当符合中国政府有关主管部门确定的外国高层次人才和急需紧缺专门人才的引进条件和要求，并按照规定提交相应的证明材料。

（10）申请S1字及S2字签证，应当按照要求提交因工作、学习等事由在中国境内停留居留的外国人出具的邀请函件、家庭成员关系证明，或者入境处理私人事务所需的证明材料。

（11）申请X1字签证，应当按照规定提交招收单位出具的录取通知书和主管部门出具的证明材料；申请X2字签证，应当按照规定提交招收单位出具的录取通知书等证明材料。

（12）申请Z字签证，应当按照规定提交工作许可等证明材料。

签证机关可以根据具体情况要求外国人提交其他申请材料。

同时申请前往中国内地、香港特区、澳门特区的外国人，须分别申请内地签证和赴港、赴澳签证。

3. 香港特区签证

（1）香港特区给予部分国家和地区人员免签证待遇的情形可以在香港特别行政区政府入境事务处的网站上查询。

（2）不享受免签证待遇的外国人赴港，须申请赴港签证。

4. 澳门特区签证

（1）澳门特区给予部分国家和地区人员免签证待遇，详情可在澳门特别行政区政府身份证明局网站查询。

（2）除少数特定国家人员外，不享受免签证待遇的外国人，原则上可在澳门口岸办理落地签证。

5. 中国口岸申请签证

中国签证申请人原则上应事先向中国驻外使、领馆，驻香港、澳门公署或外交部授权的其他驻外机构申请办理签证。申请人应根据自己的行程，提前办妥签证。

出于人道原因需要紧急入境，应邀入境从事紧急商务、工程抢修，或者具有其他紧急入境需要，并持有中国主管部门同意在口岸申办签证的证明材料的外国人，可以在中国国务院批准办理口岸签证业务的口岸，向公安部委托的口岸签证机关申请办理口岸签证。

旅行社按照国家有关规定组织入境旅游的，可以向口岸签证机关申请办理团体旅游签证。

可以申请并不等于申请会被当地批准，由此可能引起的一切责任应由申请人承担。

除 24 小时过境不出机场、京沪等 7 个城市 72 小时过境、广东 6 日便利游及海南 15 日免签游之外，美国、法国公民来华均须事先在境外办妥签证，而不可在口岸申请签证。

思考及练习

1. 如果你想去香港、澳门旅游，已经持有内地居民赴港澳通行证，是否可以马上来一场说走就走的香港、澳门旅游呢？

2. 大陆居民去台湾旅游，需要持哪些材料？分别去哪些部门办理什么证件？

3. 如果中国游客在泰国游览的时候护照丢失，如何才能顺利回国？

第三章 认知旅行社计调

第一节 旅行社

一、旅行社的定义

根据国务院《旅行社条例》第二条第二款的规定，旅行社是指从事招徕、组织、接待旅游者等活动，为旅游者提供相关旅游服务，开展国内旅游业务、入境旅游业务或者出境旅游业务的企业法人。

招徕、组织、接待旅游者，为其提供旅游服务，主要包括：安排交通服务；安排住宿服务；安排餐饮服务；安排观光游览、休闲度假等服务；导游、领队服务；旅游咨询、旅游活动设计服务等。

旅行社还可以接受委托，提供下列旅游服务：代订交通客票、代订住宿和代办出境、入境、签证手续等；接受机关、事业单位和社会团体的委托，为其差旅、考察、会议、展览等公务活动，代办交通、住宿、餐饮、会务等事务；接受企业委托，为其各类商务活动、奖励旅游等，代办交通、住宿、餐饮、会务、观光游览、休闲度假等事务；其他旅游服务。其中，出境、签证手续等服务，应当由具备出境旅游业务经营权的旅行社代办。

二、设立旅行社

《中华人民共和国旅游法》第二十八条规定：设立旅行社，招徕、组织、接待旅游者，为其提供旅游服务，应当具备下列条件，取得旅游主管部门的许可，依法办理工商登记：（1）有固定的经营场所；（2）有必要的营业设施；（3）有符合规定的注册资本；（4）有必要的经营管理人员和导游；（5）法律、行政法规规定的其他条件。

根据本条的规定，设立旅行社首先应当具备下列条件：

第一，有固定的经营场所。旅行社从事招徕、组织、接待旅游者等活动，提供相关旅游服务，必须有固定的经营场所，没有固定的经营场所，旅行社就无法从事经营活动。

旅行社的经营场所还应当符合一定的要求。根据《旅行社条例实施细则》第六条的规定，申请设立旅行社的，经营场所应当符合下列要求：(1) 申请者拥有产权的营业用房，或者申请者租用的、租期不少于 1 年的营业用房；(2) 营业用房应当满足申请者业务经营的需要。

第二，有必要的营业设施。旅行社从事经营活动，还需要必要的办公、通信等设施。根据《旅行社条例实施细则》第七条的规定，营业设施应当至少包括下列设施、设备：(1) 2 部以上的直线固定电话；(2) 传真机、复印机；(3) 具备与旅游行政管理部门及其他旅游经营者联网条件的计算机。

第三，有符合规定的注册资本。注册资本是指旅行社在有关部门登记的资本总额，既是旅行社经营所需要的资本，又是旅行社对外承担民事责任的保障。根据《旅行社条例》第六条的规定，申请设立旅行社，经营国内旅游业务和入境旅游业务的，须有不少于 30 万元的注册资本。

第四，有必要的经营管理人员和导游。旅行社是一种具有较强专业性的企业法人，提供的服务不是一般的服务，而是旅游服务。因此，旅行社必须有了解旅游管理知识、熟悉旅游业务、拥有丰富工作经验的经营管理人员和导游，否则就无法有效地开展经营活动。

第五，法律、行政法规规定的其他条件。旅行社通常是企业法人，当旅行社是有限责任公司或者股份有限公司时，《公司法》有规定的，适用《公司法》的规定。另外，《旅行社条例》等行政法规也规定了一些具体条件，设立旅行社时，也应符合行政法规的具体规定。

设立旅行社，除了具备上述前提条件外，还须依法办理工商登记并到旅游主管部门备案。

三、旅行社的经营范围

《中华人民共和国旅游法》第二十九条规定，旅行社可以经营境内旅游、出境旅游、边境旅游、入境旅游和其他旅游业务。所有旅行社均可经营境内业务、入境业务和其他业务，经营出境和边境旅游业务，应当取得相应的业务经营许可。

1. 境内旅游

境内旅游是指在中国境内（不含赴港、澳、台地区旅游及边境游）开展的旅游活动，也称国内旅游业务。

“境内”在中华人民共和国中，特指除中华人民共和国拥有主权的香港特别行政区、澳门特别行政区，以及声称拥有主权的台湾地区之外的中华人民共和国领土。中华人民共和国所有拥有和声称拥有主权的地区统称为“国内”。

国内旅游者指任何以观光游览、度假、探亲访友、就医疗养、购物、参加会议或从事经济、文化、体育、宗教活动等为目的的居民，在自己定居的国家内，不论国籍如何，对某个目的地进行短暂访问，其出游目的不是通过所从事的活动谋取报酬。

2. 出境旅游

出境旅游是指旅行社招徕、组织、接待中国内地居民出国旅游，赴香港特别行政区、澳门特别行政区和台湾地区旅游，以及招徕、组织、接待在中国内地的外国人、在内地的香港特别行政区、澳门特别行政区居民和在大陆的台湾地区居民出境旅游的业务。

申请经营出境旅游业务的条件：根据《旅行社条例》第八条的规定，旅行社取得经营许可满 2 年，且未因侵害旅游者合法权益受到行政机关罚款以上处罚的，可以申请经营出境旅游业务。《旅行社条例实施细则》做了进一步的细化规定，根据其相关规定，旅行社申请出境旅游业务，应当向国务院旅游行政主管部门提交原许可的旅游行政管理部门出具的，证明其经营旅行社业务满 2 年，且连续 2 年未因侵害旅游者合法权益受到行政机关罚款以上处罚的文件。旅行社取得出境旅游经营业务许可的，由国务院旅游行政主管部门换发旅行社业务经营许可证。旅行社持旅行社业务经营许可证向工商行政管理部门办理经营范围变更登记。国务院旅游行政主管部门可以委托省级旅游行政管理部门受理旅行社经营出境旅游业务的申请，并做出许可或者不予许可的决定。

旅行社申请经营赴台湾地区旅游业务的，适用《大陆居民赴台湾地区旅游管理办法》的规定。根据《大陆居民赴台湾地区旅游管理办法》的相关规定，经营大陆居民赴台旅游业务的旅行社，由文化和旅游部会同有关部门，从已批准的特许经营出境旅游业务的旅行社范围内指定，由海峡两岸旅游交流协会公布。除被指定的旅行社外，任何单位和个人不得经营大陆居民赴台旅游业务。

3. 边境旅游

边境旅游是指经批准的旅行社组织和接待我国及毗邻国家的公民，集体从指定的边境口岸出入境，在双方政府商定的区域和期限内进行的旅游活动。

旅行社申请经营边境旅游业务适用《边境旅游暂行管理办法》的规定。根据《边境旅游暂行管理办法》的相关规定，申请开办边境旅游业务必须具备以下条件：（1）经国务院批准对外国人开放的边境市、县；（2）有国家正式批准对外开放的国家一、二类口岸，口岸联检设施基本齐全；（3）有旅游行政管理部门批准可接待外国旅游者的旅行社；

（4）具备就近办理参游人员出入境证件的条件；（5）具备交通条件和接待设施；（6）同对方国家边境地区旅游部门签订了意向性协议。未经批准，任何单位和个人不得经营过境旅游业务或任意扩大边境旅游范围。对违反规定开展边境旅游业务的单位或个人，各级旅游行政主管部门应会同有关部门给予罚款、追究有关负责人责任、勒令停业整顿、终止其边境旅游业务等处罚。

我国公民参加边境旅游适用《边境旅游暂行管理办法》：

第九条　我国公民参加边境旅游的办法：

除《中华人民共和国公民出境管理法》第八条规定的人员外，我国公民均可参加边境旅游。

边境省、自治区公民参加本地区的边境旅游，应当向本地区有关承办旅行社申请，旅行社统一向公安机关出入境管理部门申办出境证件。

非边境省、自治区的公民参加边境旅游，应当向其户口所在地授权经营出国旅游业务的一类旅行社申请，按规定向户口所在地公安机关出入境管理部门申办出境证件，并由边境地区有关旅行社统一办理出入境手续和安排境外旅游活动。

第十条　双方参游人员应持用本国有效护照或代替护照的有效国际旅行证件，或两国中央政府协议规定的有效证件。

4. 入境旅游

入境旅游是指旅行社招徕、组织、接待外国旅游者来我国旅游，香港特别行政区、澳门特别行政区居民来内地旅游，台湾地区居民来大陆旅游，以及招徕、组织、接待在中国内地的外国人，在内地的香港特别行政区、澳门特别行政区居民和在大陆的台湾地区居民在境内旅游的业务。

入境旅游者是指在一段时间内来我国境内观光游览、度假、探亲访友、就医疗养、购物、参加会议或从事经济、文化、体育、宗教活动的外国人、港澳台同胞等海外旅游者。

5. 其他旅游业务

其他旅游业务是指除境内旅游、出境旅游、边境旅游、入境旅游外的其他旅游业务。随着旅游市场的不断繁荣发展，旅游业务形式也在不断地发展变化中，规定“其他旅游业务”是为了给新旅游业务的发展留有空间。

四、旅行社的功能

旅行社通过对旅游资讯的搜集筛选和对旅游市场的分析后，进行产品设计，向单项旅游产品的经营者进行集中采购，然后以单项或包价的方式提供给旅游者；旅游者将多方咨询购买的旅游服务变成一次性咨询购买。在这个过程中，旅行社作为企业获得利润，旅游者通过购买旅行社的服务降低了经济成本和时间成本。旅行社的连接，将世界各地的旅游者和经营者串联起来。旅行社业务功能图示见图 3－1。

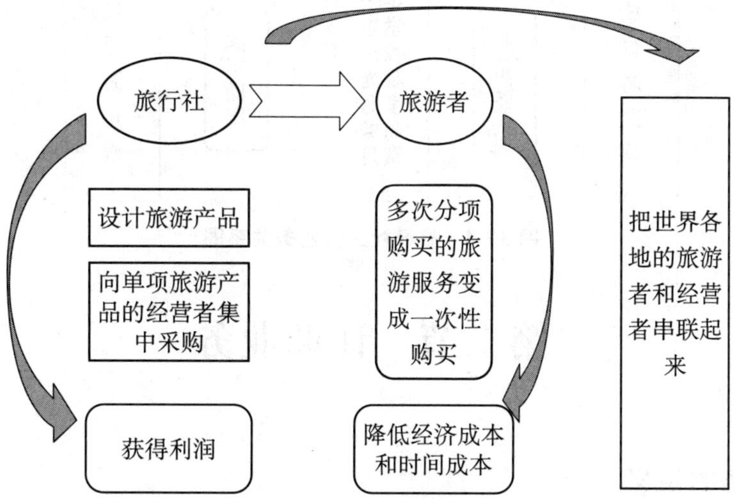

图 3－1　旅行社业务功能

五、旅行社主要业务

旅行社的业务主要分为销售、接待、计调三大业务，各业务的主要工作内容如下：

（1）销售业务的核心工作为销售旅行社产品。在旅游业务流程中处于中心地位，旅行社各岗位工作支持并围绕销售工作展开。

（2）计调业务的核心工作为安排产品行程内容及标准、安排服务供应商。在旅游业务流程中处于中枢地位，支撑销售人员售卖旅行社产品和安排落实后，交导游执行旅游计划。

（3）接待业务的核心工作为带领旅游者享受旅游服务。在旅游业务流程中处于执行地位，是销售人员签订、计调人员落实旅游业务后的执行者。

三大业务的关系如图 3－2 所示。计调人员通过设计产品、采购旅游供应商、编排行程来支持销售人员与旅游者的洽谈；当销售人员与客人洽谈成功、签订旅游合同后，计调人员落实操作相关的旅游供应商；与供应商签订协议后，计调人员制定导游（领队）派团单，由导游（领队）带着客人去旅游。

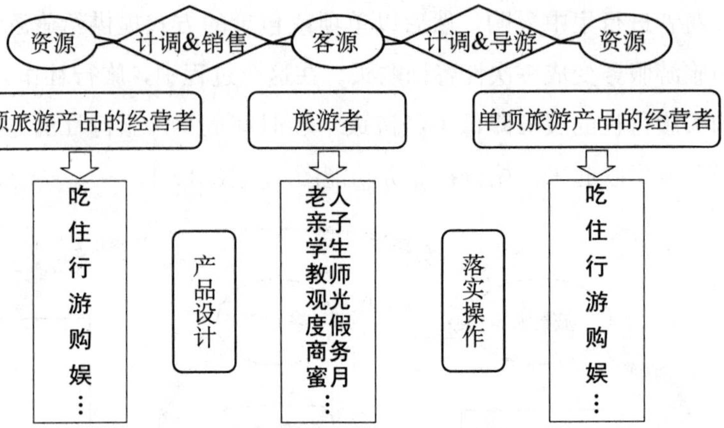

图 3-2　旅行社三大业务关系图

第二节　计调业务

一、计调业务的定义

计调是计划、调度的简称，在业内也被称作 OP（Office Personnel）。

计调业务是整个旅行社业务运作的灵魂，有广义和狭义之分。

广义的计调业务是指为旅行社业务决策而进行的信息搜集、调查研究、统计分析、计划编制等参谋性工作，以及为实现计划目标而进行的统筹安排、组织落实、业务签约、协调联络、监督检查等业务性工作的总和。

狭义的计调业务是指在旅行社接待业务工作中，为旅行团安排各种旅游活动所提供的后台服务，包括安排和落实食、住、行、游、购、娱等事宜，选择旅游合作伙伴或导游，编制和发送旅游接待计划、旅游预算单等，以及为确保这些服务而与其他旅游企业或有关行业、部门建立合作关系。

由于各家旅行社的岗位分工不同，有些旅行社是设立计调部门的，有些旅行社计调业务的工作内容由多个岗位完成，如线控负责编排产品，市场部负责合作供应商的采购，操作岗位负责签约落实等。本书按照广义的计调业务来阐述。

二、计调业务的工作内容

按照广义计调业务的定义，计调业务的主要工作内容有：搜集整理信息、采购服务、计划编排、落实操作、统计结算、质量跟踪等。

1. 搜集整理信息

主要搜集旅游目的地的资讯、旅游政策法规信息、市场消费群体需求、旅游服务供应商的相关信息等。

2. 采购服务

旅行社作为具有中介性质的企业，完成旅游业务需要与各个环节的服务供应商合作。根据旅行社的部门职责不同，采购工作有的由计调部门完成，有的由市场部门完成，有的由业务部门完成。

（1）采购内容：完成旅游业务需要采购的项目有交通、住宿、餐饮、景区、娱乐、同业社、保险等。

（2）采购目的：保证供应、质量稳定、降低成本。

3. 计划编排

对不同的旅游资源进行筛选组合，编排行程，成本计价与报价，编排团期与制定最低人数等。

旅行社产品的无形性特征，使旅行社产品说明书对产品销售起着关键作用，故有的旅行社单独设置产品经理岗位，有的旅行社由主管协调多个岗位完成产品设计，但是产品设计仍属于计调业务的一部分内容。编排行程是产品设计的第一步，在众多的旅游咨询中选择组合松紧得当、内容搭配合适的行程是产品设计的基础；采购服务及价格核算是产品设计的第二步，选优质供应商合作是产品的保障；产品的包装是产品设计的精髓，一条赏心悦目、吸引消费者的产品广告，需要在色彩搭配、图文编排等诸多方面进行设计和展现（关于产品设计的具体内容请关注本书第三篇）。

4. 落实操作

计调人员在旅行社与客户签订合同以后，将客户的行程和要求等做详细的安排。例如：机票的定位、预订、出票，当地用车的安排、导游（领队）人员的派团，地接旅行社的计调还需要确认酒店入住的房间数量、位置、档次等，餐饮情况，景点门票的购买，接送站的安排。总之，计调人员的操作就是将销售人员带回来的信息付诸实施。

5. 统计结算

结算工作是旅行社和酒店、餐厅、交通部门等接待单位的经济结算，是按照接待计划和合同来完成的。计调部门掌握的旅行团原始资料是财务结算的凭证。

6. 质量跟踪

除了从有质量的供应商处采购、细心周到地安排团队行程计划书外，计调人员还要对所接待旅游团队的整个行程进行监控，出现问题及时与供应商沟通解决。计调人员贯穿旅行社业务的全流程，其作业水平对服务质量起着重要的监控作用。

三、计调业务的作用

计调业务在旅行社业务运转中起着联络中枢、质量监控、成本控制的关键作用。

1. 联络中枢

计调部门与旅行社相关部门联系非常紧密：向总经理提供产品开发计划和经营数据信息；向销售部门提供产品信息；联系和落实服务供应商；对导游领队部发出带团申请；与财务部核对团款支出。计调岗位的工作与旅行社各个岗位有着直接且密切的联系。

计调部门代表旅行社紧密联系吃、住、行、游、购、娱、同业社、保险等服务供应商，建立业务合作网络。不同行业的各个企业在计调的协调下紧密配合，步调一致地为旅游者提供符合标准的服务，计调部门在旅游接待业务中起着联络中枢的作用。

2. 质量监控

计调部门对旅游服务质量起控制作用：首先表现在旅行社产品设计上，行程中的景点选择是否有吸引力，用餐和住宿标准是否符合合同，游览节奏是否得当等，这些都对旅游服务质量起着关键作用；其次表现在与服务供应商的接待计划上，接待计划约束服务供应商在服务过程中提供的服务内容及标准，提供履约要求；最后表现在对旅游活动的全程监控上，须妥善处理旅游过程中遇到的各种问题，保证游览质量。

3. 成本控制

旅行社产品中主营业务成本［是指旅行社为旅游团体（者）提供各项服务过程中所产生的各种直接支出］占比较高，计调部门要通过批量采购等策略，在服务供应商中争取优惠价格，控制采购成本，提升旅行社盈利空间。

四、计调业务的操作方式

1. 流水操作法

流水操作法是指一项业务由多个工作人员共同完成，每人负责其中的一项。例如：A执行接待计划，B订火车、船票、机票，C负责市内交通，D派遣导游员，E安排落实游览活动等。这种操作方式的优点是分工明确，出现问题能及时发现，缺点是横向沟通复杂。

2. 专人负责法

专人负责法是指每位工作人员负责一项业务，从接到客户或旅行社的接待计划起，一直到操作完成。这种操作方式的优点是沟通成本少，但对操作人员的能力要求比较高。

第三节　计调部门

一、计调部门的设置

1. 小型旅行社单独设立计调部

小型旅行社组织机构简单，计调部门为单独设置，直接归公司管理层领导。小型旅行社组织机构示例如图 3－3 所示。

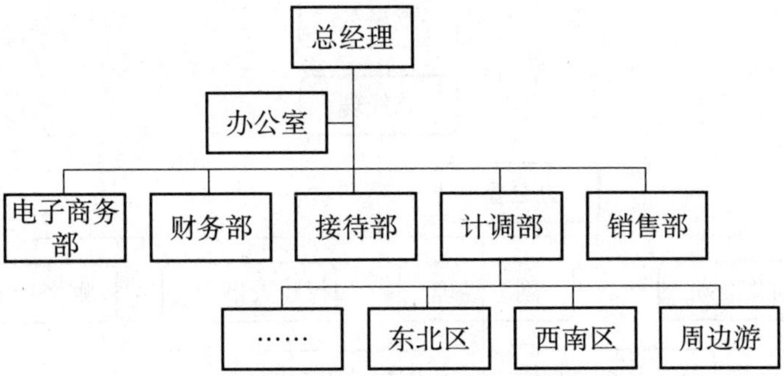

图 3－3　小型旅行社组织机构图

2. 中型旅行社在业务职能部门下设立计调部

中型旅行社按照业务职能划分部门，计调部一般设立在营销业务部门之下。中型旅行社组织机构示例如图 3－4 所示。

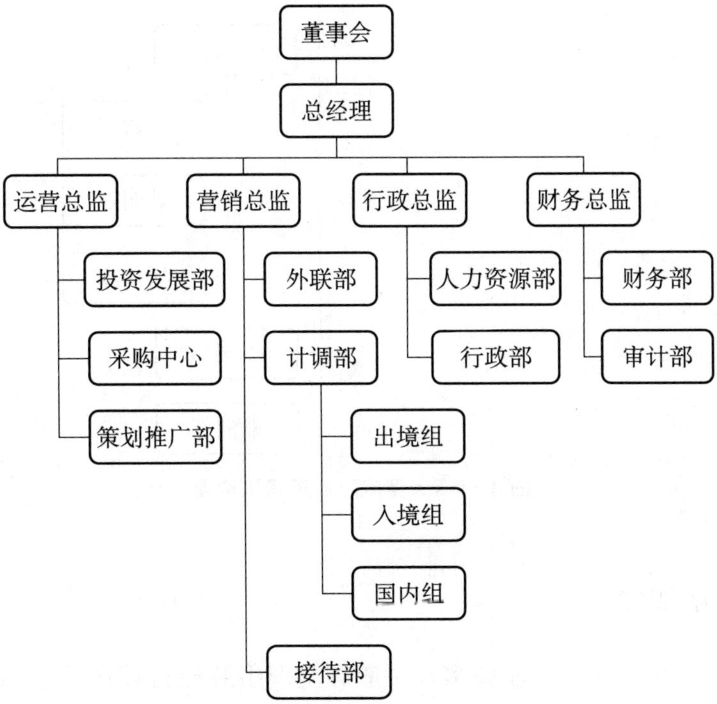

图 3－4　中型旅行社组织机构图

3. 大型旅行社在各区域业务部门下设立计调部

大型旅行社由于业务种类多、组织机构层级多，一个业务部门就相当于一家小的旅行社，各业务部门下面均设置计调部。大型旅行社组织机构示例如图 3－5 所示。

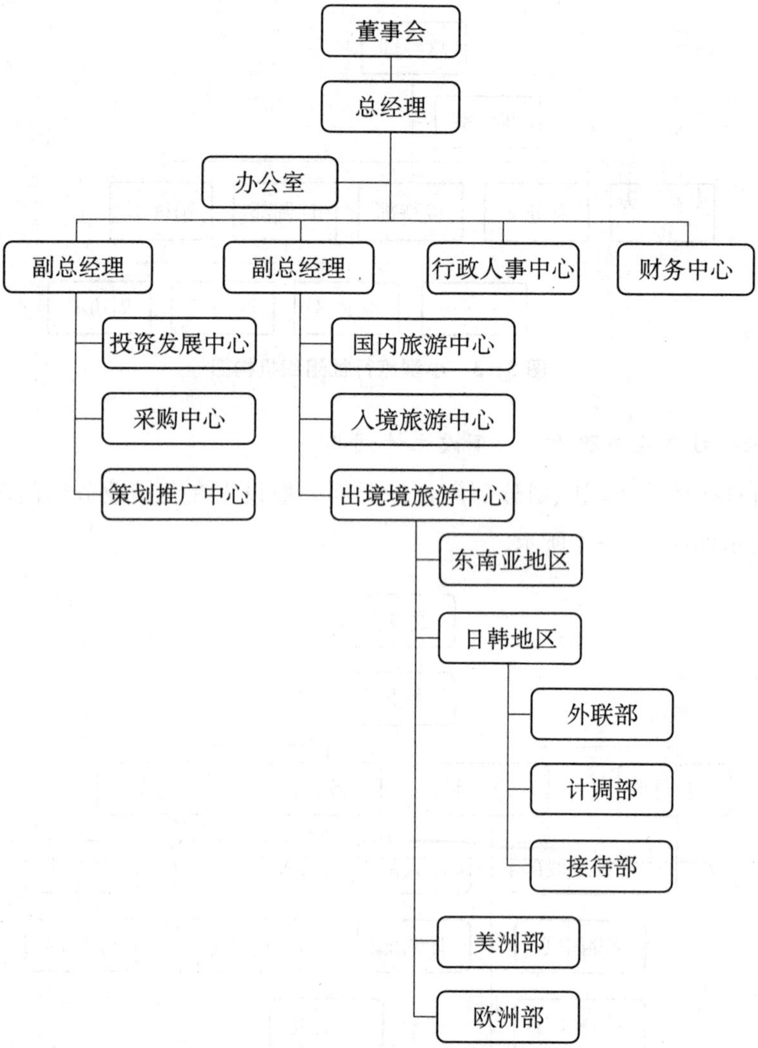

图 3-5　大型旅行社组织机构图

二、计调部门的职能

小型旅行社的计调部门职能较多，一般有生产组装旅行社产品、协调各部门（企业）、向有关部门提供信息等职能。

大中型旅行社的部门分类众多，职能具体。按照三级职能划分，其中一级职能为该部门的功能定位，二级职能为需要开展的活动内容，三级职能为完成各项具体业务活动。大中型旅行社组织机构中计调部门的职能如表 3-1 所示。

表 3-1　　大中型旅行社计调部门职能

职能级别	具体内容					
一级职能	旅游业务调度					
二级职能	接待工作	制定落实	协调关系	预订管理	搜集统计	内部管理
三级职能	接应销售或客户	制定、下发接待计划	协调旅行社与供应商或企业内部各部门关系	酒店、票务、车辆等预订	搜集整理旅游业、旅行团信息，制作业务报表	合理调配部门员工的工作，定期组织培训与考核

第四节　计调岗位

一、计调岗位与其他岗位的关系

从图 3-6 可以看出，旅行社各业务岗位的工作内容均与计调岗位有直接联系，旅行社计调岗位是其他岗位工作的支撑。

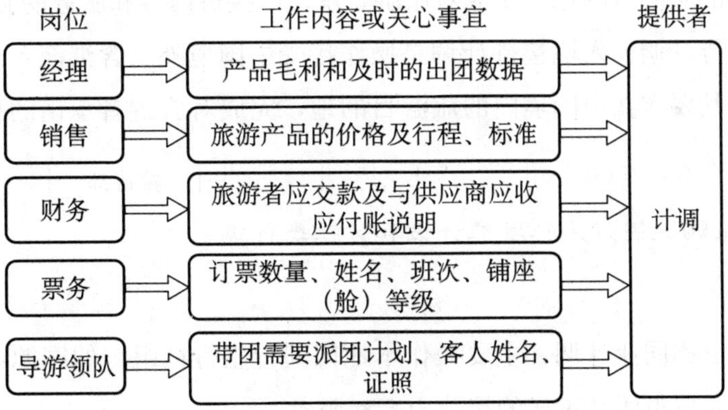

图 3-6　旅行社岗位关系图

二、计调岗位分类

计调岗位依据不同的划分标准有多种分类，常见的有：

（一）按照旅游接待过程分为组团类计调和接待类计调

1. 组团类计调

组团类计调是负责将旅游计划发送给异地接待社的专职工作人员，按照接待社的地区不同又分为国内组团计调和出境组团计调。

（1）国内组团计调。国内组团计调按照旅游目的地与所在地的距离和交通方式的不同又分为国内中长线计调和周边游计调。

1）国内中长线是指客源地招徕的旅游团队或散客，其行程通常在3天以上，需要委托当地接待社完成约定的接待项目。按照操作区域不同分为东北区、华北区、西北区、西南区、华中区、华东区、东南区等。

2）周边游是指旅游目的地在客源地周边，游程为1～3天，一般使用汽车为主要交通工具，通常由组团社自己接洽或委托地接社采购服务。

（2）出境组团计调。出境组团计调将组织的出境旅游团队输送到境外国家或地区，委托当地旅行社或其他服务供应商完成约定的旅游活动。按照旅游目的地和语系的不同，通常又分为港澳台计调、东南亚计调、日韩计调、欧洲计调、美加计调、中东计调、非洲计调等。

2. 接待类计调

接待类计调按照接受委托的旅行社地区不同分为国内接待计调和入境接待计调。

（1）国内接待计调。国内接待计调是操作接受中国境内组团旅行社的委托，按照其要求在中国境内的旅游目的地，完成对旅游者承诺的接待内容和服务的旅行社专职人员。

（2）入境接待计调。入境接待计调是操作接受中国境外（含港澳台地区）组团旅行社的委托，按照其要求在中国境内的旅游目的地，完成对旅游者承诺的接待内容和服务的旅行社专职人员。

（二）按照采购流程分为批发类计调和分销类计调

1. 批发类计调

批发类计调也称同业计调，主要操作本地区同行旅行社组织的客源，发往旅游目的地，交由接待社完成组团社承诺的接待内容和服务。

2. 分销类计调

分销类计调在批发商和客户之间，向批发商采购产品，然后向客户提供产品，在出境业务中非常普遍。

（三）按照旅游者的组织类型分为团队型计调和散客型计调

团队型计调主要负责旅游团队的操作。

散客型计调专门负责自助、半自助类旅游事务。

（四）按照操作业务的类型分为多种专项类计调

专项类计调主要有签证类、代订类、商务型、特种游等。

1. 签证类计调

主要负责向出境旅游者或其他出境人员提供代办签证服务项目。

2. 代订类计调

主要负责代订酒店、机票、门票、导游等服务项目。

3. 商务型计调

主要操作职业人士在商务活动过程中产生旅游消费的业务。商务活动除了传统的商贸经营外，还包括参加或组织行业会展、年会，调研与考察，跨区域的技术交流，以及公司奖励旅游等。

4. 特种游计调

特种游计调是指操作具有较强自主性的、个性化的、非常规性的旅游业务的工作人员。特种游包括修学游、探险游等。

修学游主要是指参加结合课程教学而进行的历史、文化或自然科学的现场教学、野外实习和考察，以及参观大学校园等。修学游的旅游者一般为各级各类的在校学生。

探险游一般带有一定的冒险性和竞技性，如探险、狩猎、潜水、登山、汽车拉力赛及洲际、跨国汽车旅行等，旅游者由志同道合的人组成，有共同的价值观。有的特种旅游要经过非对外开放区，因此在政策上属于需要特别审批的旅游活动。

（五）按照技能掌握程度分为操作型计调、策划型计调、全能型计调

1. 操作型计调

操作型计调掌握工作流程，熟练操作产品询价、确认接待计划、派团交接、制定出团说明书等工作。操作型计调适用于流水型旅游企业。

2. 策划型计调

策划型计调要清晰地把握各区域旅游资源信息，对交通、旅游资源合理调配，编排旅游路线，能根据不同旅游时令、市场行情和客户需求制定旅行社产品。策划型计调要求思维开阔，具备独立策划能力，适合在中小型旅游企业中独当一面或担任大型旅游企业高要求的计调岗位。

3. 全能型计调

全能型计调应及时关注旅游动态和同行旅游信息，利用航空、专列规模效应、季节落差等制定主打产品，制定旅游计划及销售任务并督促完成，协调部门运作和处理突发事件。全能型计调需要相应的从业年限、从业阅历，以及较强的业务能力和人际交往能力，适合担任中型旅游企业管理岗位或大型旅游企业计调主管岗位。

三、上岗要求

（一）素质要求

1. 尊重国家、民族尊严和风俗习惯

参与旅游活动的旅游者来自不同的国家、民族，旅游目的地的民族信仰、风俗习惯也各不相同，在设计旅行社产品和落实旅游计划时应注意尊重不同国家、民族尊严和风俗习惯。

2. 保守国家秘密、商业秘密、旅游者个人隐私

旅行社接待的业务若涉及外交和外事活动中的秘密事项或科学技术中的秘密事项，在一定时间内只限一定范围的人员知悉的国家秘密，及企业商业秘密和旅游者的个人信息，则应严格保密，不能公开或泄露。

3. 保护企业及维护旅游者的合法权益

计调人员应维护旅游企业的知识产权和合法权益，维护旅游者的合法权益。

旅游者权利主要来源于两个方面：第一，法定权利，即国家法律法规规定的权利。第二，旅游合同约定的权利。一般来说，旅游者享有以下权利：享受旅游服务的权利、人身和财产安全的权利、知悉真情权、自由旅行权、医疗权、个人信息保护权、求偿权、变更或解除合同权、救济权等。

4. 具备严谨负责的工作态度

旅游活动环环相扣，处于不同状态的旅游团队各环节都靠计调联结运转，若有一个环节没有联结上，就有可能出现“一招不慎，满盘皆乱”的场面。计调工作内容琐碎，环节繁杂，接口部门岗位众多，稍有不慎就会延误旅游环节的进行，因此，只有具备强烈的责任心和认真细致的工作态度的人，才能胜任计调工作岗位。

（二）知识要求

1. 掌握旅游相关法律法规及标准规范

计调人员应掌握的法律法规包括《旅游法》《旅行社条例》《合同法》《消费者权益保护法》《导游人员管理条例》等。在业务操作中，只有严格遵守国家颁布的各项法律法规、标准规范，在合同签订和履行过程中才能有效地规避风险，保障旅行社自身权益；在处理投诉时才能有理、有据地处理相关问题，保障旅游市场的规范化。

2. 掌握合同签订的相关知识

计调人员需要采购各种服务供应商的服务，起草产品说明书和出团通知书，所以必

须具备合同法的相关知识，签订合法有效的合同、协议，只有这样才能维护企业、合作伙伴和旅游者等各方的合法权益。

3. 掌握交通、住宿、保险等旅游相关行业情况及旅行常识

计调人员必须具备丰富的旅游常识，熟悉旅游计划涉及的各个方面，对旅游目的地的情况和服务供应商的资源掌控能力都胸有成竹，做到迅速流畅地作业。例如：要掌握旅游目的地和出发地的主要航班、车次的时间和运行情况，宾馆、餐厅、景点的特点、位置、等级及预订系统和预订方式、上下浮动的价位情况，保险险种及理赔要求等。

4. 掌握旅游客源地旅游者的特点

客源地旅游者的需要是旅行社产品供给的前提条件，旅游者的偏好、出游目的和旅游消费结构会对目的地供给的旅行社产品类型提出要求，旅游者的消费结构则会对目的地旅游供给体系中各部分之间的比例关系产生影响。计调人员只有掌握旅游客源地旅游者的特点，才能选择并匹配适合的旅游供给资源并将之提供给旅游者。

5. 掌握旅游目的地相关知识

旅游目的地国家（地区）的历史、地理、文化、民俗均是旅游吸引物的组成要素，是旅行社开发设计产品的基础，计调人员只有掌握旅游组成要素，才能串联一系列的旅游活动，开发形象鲜明、文化品位高、打动旅游者的旅游产品。

旅游目的地国家（地区）的政治、经济、旅游资源、签证等知识是开展旅游活动的基本条件，计调人员只有熟悉这些知识，才能更好地为旅游者提供服务。

（三）技能要求

1. 具有一定的信息收集、数据统计和市场调研能力

旅游市场千变万化，竞争对手不断提升，旅游者需求不断增长，计调人员要掌握市场调研的方法，具备系统、科学的搜集相关信息的能力，具备一定的数据统计方法，才能掌握旅游政策、旅游市场、竞争对手、服务对象的变化，了解合作伙伴实力的消长情况等，对信息进行整理、研究、识别，实现资源的优化配置。

2. 具备良好的沟通能力与组织协调能力

沟通能力是指一个人与他人有效地进行沟通信息的能力，包括表达能力、争辩能力、倾听能力和设计能力。组织协调能力是指为有效实现目标，灵活地运用各种方法，把分散的力量和资源整合在一起，使效果大于个体之和的能力。

计调人员在工作中要妥善处理企业领导层、同级协作部门、外部服务供应商等各种关系，调动各层次、各环节、各方面人员的积极性，这就要求计调人员具备良好的沟通

能力和组织协调能力。

3. 具备结合市场需求制定产品策略的能力

伴随着巨大的旅游需求增长和内外部环境的变化，中国旅游市场也存在诸如低价恶性竞争、产品服务同质化严重、服务质量不高等问题。因此，深入分析旅游市场需求并制定有效的产品营销策略以提升旅行社的运营能力成为我国旅游市场中一个亟待解决的问题。计调人员作为旅行社产品的策划者和发布者，应结合旅游者需求，预测旅游市场发展趋势，制定符合旅游市场需求的产品营销策略。

4. 具备良好的资金核算能力及谈判能力

计调人员只有具备良好的资金预算能力，才能在产品采购和报价中做到精确高效，在处理问题上合理掌控资金。计调人员在向服务供应商采购服务的过程中，需要一定的谈判技巧，巧妙地讨价还价，争取良好的服务和优惠的价格。同时要协调旅游者、同业社、票务车队等之间的关系，避免欠账，按时收回余款，这样才能更好地保护企业利益。

5. 具备熟练使用计算机操作系统和相关应用软件的能力

网络的发展对旅游业的发展产生了不可忽视的影响，互联网在旅游业中的广泛应用促使旅行社经营管理中的信息应用技术越来越多，熟练地使用计算机操作系统和相关应用软件已经成为计调人员的必备技能。

6. 具备良好的文案写作和图文处理能力

在计调工作中，无论是进行网络宣传、纸媒传播，还是制作旅行社产品宣传手册、路线介绍资料、旅游接待文案、销售分析和研究报告等，都离不开文案写作和图文处理。例如：产品宣传采用恰如其分的修辞与漂亮的图片相结合的呈现方式比干瘪无趣的文字行程更加生动，更能激发旅游者的参团愿望，这就要求计调人员具备一定的文学修养和文案写作、图文处理能力。与合作单位的往来公文、合同协议、导游派团单等都是书面形式的交流，要求计调人员在文案写作时区分不同的场合，严格按照规范来写。

7. 从事入境、出境工作的计调人员需具备一定的外语能力

旅游市场日益国际化，计调人员只有具备一定的外语能力，才能适应旅游市场的需求。

四、计调岗位现状

国内旅行社诞生于我国旅游发展初期，当时旅游市场供应商信息相对封闭，旅游者以观光型为主，旅行社以批发价采购供应商的服务产品，然后组合成旅游产品卖给旅游

者。长期积累下来，导致旅行社表现出诸多弊端，如：路线雷同缺乏创新，设计的产品不能充分满足客人的要求；行程安排不够合理，客人旅游体验差；对旅游服务供应商选择不规范，接待质量依赖接待社的安排，在旅游产品实施中容易产生不良效果；与供应商合作签约不规范，导游、领队派团的工作流程不标准，导致供应环节出现问题；没有完整、清晰、准确地向接待人员或游客阐明接待要求和服务标准，使接待工作出现失误等。这些问题都可以追溯到旅行社计调人员的工作环节。

1. 计调人员上岗无资格考试，缺乏系统的职业化培训

目前，现有计调人员无上岗认证制度、年检制度，旅行社都是根据实践经历选拔人才，或采取师傅带徒弟的模式。多数从业人员没有经过专业、系统的计调理论和实践的培训，靠经验和习惯操作旅游业务，这种知识和技能的获取方式导致碎片化、片段化，缺乏理论的指导，难以避免工作中的经验主义，导致缺乏战略思考，操作不规范，分析和解决问题时眼光狭隘，计调人员业务水平的提高受到制约，不能适应日趋复杂的旅游需求。

2. 行业需要大量的高素质计调人才

随着旅游市场的成熟，我国旅行社逐步向垂直化分工转型。垂直分工体系的基本特征是要求大型旅行社集团实现规模经营，占有绝对市场份额，引领旅游市场规范经营、健康发展；多数的中小旅行社，作为零售商，从事专业化和特色化服务，成为市场的补充。根据调查，各旅行社中都设有计调岗位，计调人员的人数基本上占员工总数的1/3。75%的旅行社认为目前既有的计调人员在数量上能初步满足企业当前需要，但是对计调工作的满意度普遍不高，各类旅行社都需要高素质的计调人才。在计调人才的需求层次上，50%的旅行社需要高级计调人才，28.57%的旅行社需要复合型计调人才，21.43%的旅行社需要中级计调人才，见图3－7。高级计调人才是指能够制定产品业务策略并推动实施的人才；复合型计调人才需兼备多种学科知识和多项技能，能够独立工作；中级计调人才要能在上级指导下圆满完成任务。

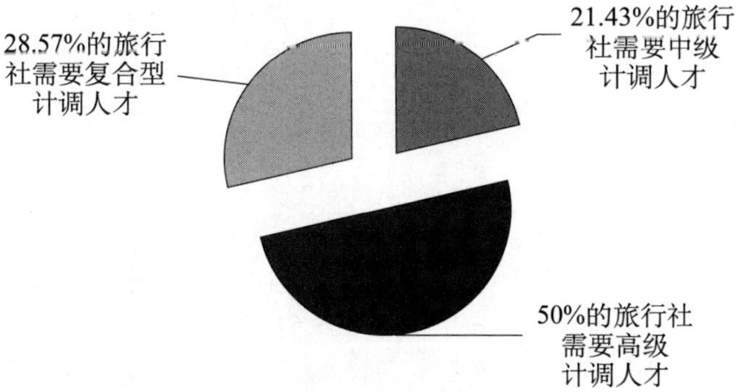

图3－7　旅行社计调人才层次需求分布图

思考及练习

1. 查找互联网上的招聘平台，关注旅行社招聘信息，查看各岗位的职位描述，分析各岗位工作内容，探讨旅行社计调岗位与其他岗位的工作关系。

2. 计调业务与销售业务、导游业务的关系是怎样的?

3. 论述计调业务的地位和作用。

4. 分析计调人员应具备哪些素质。

第二篇 实训操作

情境二：

小张掌握了一定的基础知识后，想知晓旅行社计调的具体工作内容和流程是怎样的。他看到有的计调人员只做单项业务的操作；有的负责一个团或一条线的操作。

请班级同学组成若干小组，模拟成立旅行社，给旅行社起名并进行岗位分工，操作本篇实训教学任务。

第四章 单项业务实操

单项业务计调人员只负责单项业务的操作，如只负责订车的计调人员（往往简称为车调）、只负责订房的计调人员（简称为房控），这种类型的计调人员适合流水操作法。

第一节　任务导入及分解

一、任务导入

车调小王今天陆续接到 3 辆车的用车计划，分别是 9 日 19 人从市区送至机场，9 日 62 人去天目山两天，10 日 33 人华东游览 4 天。他将如何操作呢？

汽车是旅游过程中最重要的交通工具。关于汽车，旅游者最关心的是安全、舒适和快捷。作为车调，要熟悉各种车型的特点，根据游客人数和用车要求调配车辆；平时多关注并搜集车队的资源信息，保证旅游团队的用车数量和用车质量；与车队服务供应商建立密切的合作关系，保证旺季的时候也有车可用。

二、任务分解

（一）旅行社选择车队合作需要考虑哪些方面？

1. 搜集信息的途径

汽车是旅游过程中用到的最多的交通工具，一辆车况良好的汽车和一位服务规范的司机会为旅游团队整体服务质量加分。旅行社与车队的关系很微妙，在淡季的时候旅行社是车队的“上帝”，在旺季的时候车队是旅行社的“大爷”。计调人员要注意搜集车队信息，掌握本地区车队的资源，选择优势伙伴建立长期稳定的合作关系。可通过往年合作伙伴、同业平台、同行介绍等渠道了解和筛选车队。

2. 车队的合法性

旅行社计调人员要注意车队及车辆的合法性，选择资质良好、抗风险能力较强的车队，减少与私营或挂靠的车辆合作。须了解车队是否有旅游营运资质，所聘用的驾驶员是否有从业资格，车辆营运证是否齐全有效等。

3. 车辆服务的水平

服务质量是旅行社的立足之本。计调人员选择的旅游车队的整体服务水平直接影响旅行社服务质量。旅行社在甄选合作车队时，应着重考察车队的软实力，如服务意识、服务态度、司机驾龄和对道路的熟悉程度、汽车的年份等。通常可参考国家和地区政府对旅游汽车公司的评价结果。

4. 车队性质和规模

计调人员还应根据运营模式和经营规模来选择合作车队，考察车队拥有汽车的数量、车型、性能、营运范围等。在运营模式上，旅游汽车公司有车队挂靠、承包及股份制等模式。规模的大小影响车队的抗风险能力，如浙江外事旅游车队在服务世博会期间，在整个华东地区车价暴涨的情况下，依然每天保证有空车与人员待命，以便处理车辆突发问题。

5. 规范管理及服务水平

规范是车辆安全运营和优质服务的基础。旅行社在甄选合作车队时应考察：该车队是否有规范的调度制度，是否有统一的服务质量规范；司机是否统一着装，是否有安全教育培训，是否符合上岗要求；特殊车辆是否按规定检验等。

6. 用车价格

车辆价格是团队旅游成本核算的主要内容。在选择合作车队时，应着重考察车的租用价格、千米单价等相关费用。

（二）旅行社与车队建立长期稳定的合作关系要注意哪些事宜?

1. 筛选过的车队可采用集中采购策略并注意维系

对精心筛选过的车队可采用集中采购的方式合作，将一个时期内的服务集中起来投入少数几个车队，以获得理想价格和供应条件。计调人员应与合作车队保持联系，了解车队基本情况、发展动态，熟悉车队的车型、车辆座位，记录经常使用的优秀司机的姓名、联系方式和车辆号码、经常使用车辆的路线价格、付款方式等。

2. 分散采购新的合作车队并观察评测

计调人员应积极发现新的车队并进行沟通洽谈和初步筛选，通过合作观察评测后，向优秀车队提出合作建议。

3. 建立合作车队信息资源库及评价退出机制

计调人员应建立高质量的采购协作网，保证即使在旺季时也能以最合理的价格提供用车服务。对于车辆老化、司机态度恶劣、效率低下、游客投诉较多的车辆应及时反馈给车队，必要时应果断与车队终止合作关系。

（三）常用的旅游车有哪些车型?

计调人员进行订车操作的时候，必须根据游客人数和用车要求调度车辆，知晓常见的旅游车的品牌、座位数、有无行李箱等。可参考表 4－1。

表 4－1　　常用旅游车类型

常见车型	品牌	正座数	注意事项
商务车	别克、奥德赛等商务车	7	无行李箱
小型客车	金杯、依维柯、金龙或考斯特	9、15、18	
中型客车	金龙、宇通等	19、28、33、37	有车载电视，车门有一个，有外置行李箱
大型客车	金龙、尼奥普兰等	45、49、53 等	有车载电视，车门有一至两个，有外置行李箱

实操训练：请为本章任务导入中的三个团队选择合适的车辆。

（四）旅行社和车队是怎样合作的?

旅行社对旅游车队要多方选择、重点培养，建立长期、稳定的合作关系。当选择用车服务时，计调人员应根据本次旅游团队的特点和要求，综合考虑各种因素，选最合适的旅游车队作为服务供应商。

旅行社在选择合适的车队后，需要与车队签署采购合同。旅行社的采购是小而重复的内容，所以合同大多由框架合同和订单合同两部分组成。框架合同一般是年度协议，约定的内容是大方向的合作，明确双方的企业信息、合作范围、权利义务等；订单合同是框架合同下的具体细化，旅行社每次根据旅游团队的具体用车需求与车队确认用车信息及结算金额等内容。

（五）用车服务的价格和哪些因素相关?

各家车队的服务质量、运营成本不一，相同路线的车辆服务价格会有所差异。另外，车辆服务的价格还与车的品牌型号、新旧程度、运载距离和运行时间等因素有关系。

（六）计调人员在安排车辆时有哪些注意事项?

在选择了合适的车队后，具体安排车辆时需注意：车辆是否具有合法的营运资质，车型是否合适，车况是否良好，司机的驾驶技术和服务规范是否到位，座位数与乘坐人数是否匹配，价格是否合理等。

1. 车辆的营运资质

按照我国对营运客车的相关规定，旅游用车应有道路运输管理部门颁发的“包车客运牌”，俗称包车牌。包车业务是指道路运输管理机构对申请从事包车客运的经营者根据其经营资质、开业条件及当地的包车客运市场实际情况做出的许可。包车客运牌分为省际包车客运牌、市际包车客运牌、县际包车客运牌，省际、市际、县际是指允许客运经营者从事包车客运的经营范围。

2. 小型车要注意行李安置空间

计调人员在安排小型车辆时，应注意飞机、火车接团且行程为 2 日以上的团队，客人大多携带行李箱，不建议行李箱放置于客车内，应安放在旅游车下部的行李舱内。若所安排的小型车辆无单独存放行李的空间，高档团队建议单独安排行李车，如无法安排行李车，一定要预留 1～2 个位置放置行李，并注意摆放及捆绑，防止滑倒。

3. 正座数一定大于乘坐人数

如果接待的是体型比较宽大的欧美客人，或是携带器材比较多的摄影团队，要预留一定的空座。

另外，注意乘坐人数包含工作人员，特别强调导游的座位。国家旅游局与交通运输部 2016 年 4 月联合下发的《关于进一步规范导游专座等有关事宜的通知》要求：

（1）旅游客运车辆须设置“导游专座”。“导游专座”是指旅游客运车辆在提供旅游服务时，为导游人员设置的专用座位。“导游专座”应设置在旅游客运车辆前乘客门侧第一排乘客座椅靠通道侧位置；旅游客运企业在旅游服务过程中，应配备印有“导游专座”字样的座套；旅行社制定团队旅游计划时，应根据车辆座位数和团队人数，统筹考虑，游客与导游总人数不得超过车辆核定乘员数。

（2）旅游客运车辆须确保车内逃生通道顺畅。自 2016 年 8 月 1 日起，新进入道路运输市场的营运客车不得在车厢内任何位置设置折叠座椅，在用营运客车的折叠座椅不得使用。各级交通运输部门在开展客车等级评定时，不再对客车折叠座椅进行核定。车内通道不得堆放行李和其他障碍物，逃生装置要定期维护、标识清晰，确保正常使用。

（3）旅行社及旅游客运企业须加强对导游和司机的安全教育。旅行社应要求导游熟悉旅游行程计划，在车辆启动之前与司机充分沟通行车路线、停靠站点等，避免在行车过程中影响司机正常驾驶；导游应自觉系好安全带，避免站立讲解，并配合司机督促游客系好安全带。旅游客运企业应督促司机严格遵守道路交通安全和道路运输管理法律法规，不超员、不超速，安全文明驾驶，行车之前播放《游客安全乘车温馨提示》宣传片，提醒游客阅读安全须知，提高安全意识。鼓励导游和广大游客对不按规定设置导游专座等不安全行为进行举报。

（七）计调人员在接到用车计划后如何处理？

1. 分析用车计划

接到旅游团队的用车计划后，计调人员应仔细研究不同类型旅游团队的特点，查看人数、车型、车况、车价等要求。

2. 选择车队及车辆

计调人员可根据订单要求，以及合作车队的信誉档案、司机队伍、用车价格等，选择合作车队及车型。

3. 预订车辆

计调人员选择合作车队后，向合作车队提出具体用车要求。以传真或电话方式向合作车队告知用车要求及确认价格，通报旅游团队的旅游活动日程，以便旅游团队在车型、驾驶员配备等方面做好准备。

4. 书面传真确认

根据人数、要求安排用车，以传真方式向车队采购交通服务，发送用车计划单（见表 4－2）并要求对方书面确认。

合作车队接到旅行社用车计划单后要回传确认。合作车队应在回传的用车计划单上盖章并由授权代表签字确认。如合作车队收到后对用车计划单有修改，必须通知旅行社。

5. 行前查验

合作车队应在旅行社用车前，向旅行社发送符合要求的用车计划单及加盖车队公章的车辆证件、司机证件复印件等，供旅行社存档备查。

出发前，计调人员要核实车辆落实情况，再次确认所用汽车的车型、司机的姓名及联系方式等内容，提醒合作车队注意事项。查验车辆保险单据、车辆营运证及车队出车路单，核对服务价格及付款方式。

表 4－2　　用车计划单

收件人：张×	发件人：方×玲
单　位：杭州××车队	单　位：杭州××旅行社
电　话：888××888	电　话：1377×××874
传　真：888××666	传　真：×××××××××

张经理：

您好！烦请安排我社本周末（团号 NCN20170416la02A）用车服务。

4 月 9 日下午 5:00 我们将从中山北路××号出发前往临安，宿临安。第二天上午 8:30 集合前往神农川景区，下午 2:00 从神龙川返回出发地。

请预订一辆 45 正座的空调旅游大巴车。

费用：2 300 元（全含、挂账）

烦请安排！请确认回传。

车队操作人确认：　　　　旅行社操作人确认：

车队盖章：　　　　旅行社盖章：

年　月　日　　　　年　月　日

备注：

1. 保证所提供的车辆、司乘人员符合国家行业合同约定的规定要求。
2. 确保车辆车况良好，司机驾驶经验丰富，熟悉沿途及路况，待人礼貌，服务热情，保证车内卫生，以及话筒、空调、电视的质量。
3. 如行程有变更、取消，应在出发前两天通知对方，造成对方损失的，双方协商解决。
4. 所订车辆在旅行社看车后一经确认，车队不能随意调换，否则造成的损失由车队全部承担。
5. 如行程中车辆出现问题，车队应及时采取补救措施，造成损失，车队负全责。
6. 司机住宿标准等同导游员。

实操训练： 请为本章任务导入中的三个团队填写用车计划单。

（八）用车计划单确认后发生变更如何处理？

旅游团队在出发前会出现人数增减、行程变更或者取消等情况，用车计划单确认后发生变更的话，计调人员要及时通知车队，发送用车变更单（见表 4-3），并以收到回传为准。

表 4-3　　用车变更单

收件人：张×　　发件人：方×玲
单　位：杭州××车队　　单　位：杭州××旅行社
电　话：888××888　　电　话：1377××××874
传　真：888××666　　传　真：××××××××

张经理：

您好，感谢贵单位的支持，我公司的用车计划有所变动，现将更改单发送给您，请确认回传。感谢！

团号	变更事项	原订内容	变更事宜
NCN20170416la02A	正座数	45 座旅游汽车	35 座旅游汽车
	费用（元）	2 300	2 000

车队操作人确认：　　旅行社操作人确认：

车队盖章：　　旅行社盖章：

年　月　日　　年　月　日

（九）用车后的费用如何结算？

用车结束后，旅行社应与旅游车队按照事先达成的协议及相关收费标准，及时结算用车费用并做好售后服务。

旅行社用车费用的结算通常有每月结算一次、一团一清等方式，具体方式由旅行社根据用车协议决定。如约定每月结算一次的，双方在每月约定日之前核对上个月用车计划单及服务费，按照结算日期和核对金额结算。如约定一团一清的，使用旅游车辆结束后，双方根据约定期限与结算方式结算费用。车队应提供运输发票，旅行社收到发票后在约定时间内付完尾款。

（十）用车后还需要做哪些工作？

计调人员要将用车计划单和传真件作为原始资料归档收存，建立档案袋，以便查阅，为日后合作提供资料。

在旅游团队游览过程中，计调人员应随时关注旅游车辆车况及司机服务等情况。

旅游团队结束后，计调人员要根据游客对交通服务的反馈信息，做好该团队用车情况的总结，作为以后合作谈判的依据。

第二节 订车业务工作流程

一、工作流程

下面以操作订车业务为例，展示单项预订业务工作流程，如图 4-1 所示。

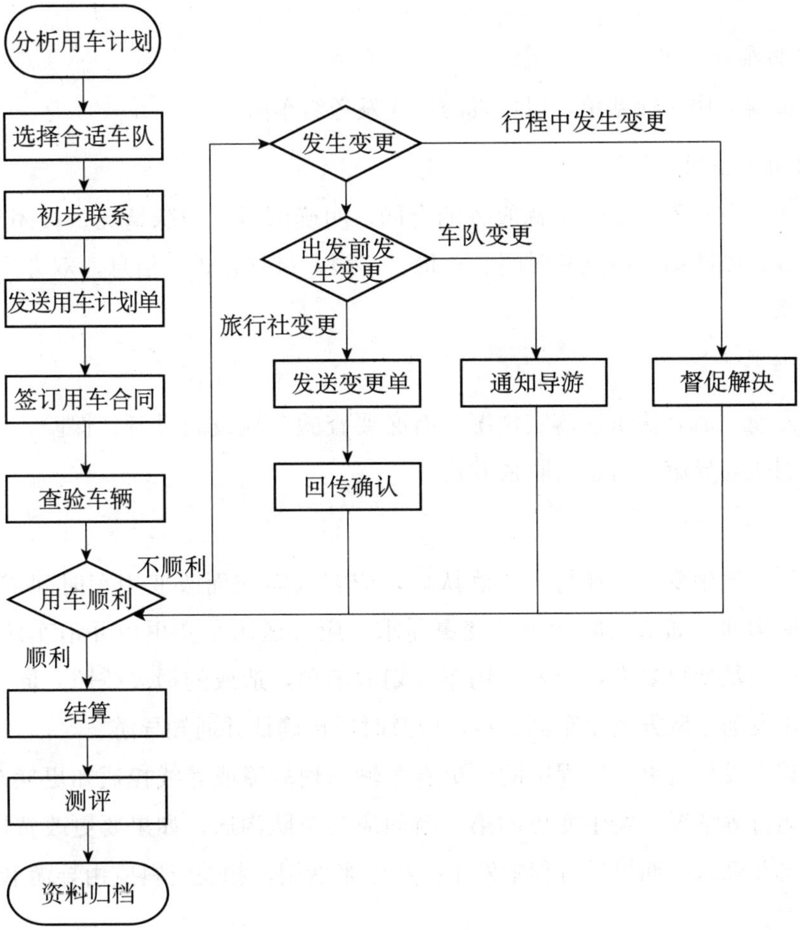

图 4-1 订车业务工作流程图

二、操作步骤

1. 分析用车计划

计调人员接到用车计划后，应分析客户类型，仔细查看游客人数、陪同人数、路线，提出对车型、车况、车价等的要求。

2. 选择合适车队

计调人员根据用车计划的要求，从车队的信誉、规模大小、管理规范和服务质量、车价等方面选择合适的车队，确定车辆。

3. 初步联系

计调人员向合作车队提出用车计划，沟通日程、车型、价格等信息，确认车辆及价格。

4. 发送用车计划单

计调人员编写用车计划单，以传真的形式发送给车队。

5. 签订用车合同

双方沟通一致，签订采购车辆服务的合同，明确团号、团队情况、接团日期、地点及时间、行程、团队结束地点和时间、车价、车型、付款方式等信息。双方经办人签字，并加盖业务章。

6. 查验车辆

团队出发前，需确认车辆落实情况，有必要查验车辆设施设备、保险、营运资格等信息，交换司机与导游的信息、联系方式。

7. 发生变更

（1）出发前发生变更。在与车队确认后，应客人需求而改变用车时间或车辆型号，应及时与车队沟通。如果车队能满足变更需求，应发送用车变更单并请车队确认回传。如果车队不能满足变更要求，应发送用车计划取消单，造成的损失按照合同约定或双方商谈履行。出发前车队方改变车辆信息，应及时回传确认并通知导游。

（2）行程中发生变更。行程中的变更有车辆出现故障或者线控通知更换车辆、行程路线超千米运行等情况。发生变更的第一时间应与车队沟通，如果要更改费用，应与车队签订变更单并确认。如果是行程中发生的超千米费用，相关资料应由导游和司机签字，作为结算依据。

8. 结算

旅行社与经常合作的车队往往是定期结算，计调人员应及时与车队核算费用，提供当期的用车明细交给财务人员，方便财务人员将车费分摊到各团，并在合同约定的结账时间内与车队完成结算。

9. 测评

计调人员应建立动态的评价体系和供应商退出机制，选择优秀的旅游供应商为长期合作伙伴。

10. 资料归档

整理订车的相关原始资料并登记存档。保存期至少 2 年，便于日后查询。

思考及练习

1. 车队服务质量的好坏为什么会影响旅行社的服务水平?
2. 计调人员在选择车队的时候要考虑哪些因素?
3. 车辆服务的价格与哪些因素有关?
4. 计调人员在安排车辆的时候有哪些注意事项?
5. 在预订车辆后，有哪些情况可能会导致出现变更? 计调人员在处理的时候应注意哪些事项?

第五章 周边游业务实操

周边游是指旅游目的地在客源地的周边，游程为1～3天，通常由组团社自己接洽、采购服务的旅游活动，一般使用汽车为主要交通工具。

第一节 任务导入及分解

一、任务导入

假设你所在的旅行社获知有一个大学生班级要组织春（秋）游的信息，请讨论：旅行社从接到信息到接待该团队旅游回来后，需要做哪些工作呢？

二、任务分解

1. 如果你是一名计调人员，销售人员要反馈哪些信息给你，你才能编排产品与报价？

有经验的销售人员会根据客户的要求自己编排行程，只需要计调人员给予计价及报价；如果销售人员对于周边游产品不熟悉，应反馈相关信息便于计调人员报价。某旅行社推行标准化流程管理，设计了销售人员报价需求单（见表5-1），销售人员进行填写后流转到计调人员处计价、报价。

表5-1 **报价需求单**

销售人员		联系电话	
大约人数		预　算	
计划天数		出行日期	
交通方式		住宿标准	
客户类型			
主要目的地或景点		其他要求	

实操训练： 请模拟旅行社销售人员填写报价需求单中的内容。

2. 计调人员可以通过哪些渠道获得产品信息?

计调人员获得产品信息一般有两种渠道:

(1) 市场上比较成熟的产品，各个旅行社均可售卖。有的是从占有资源、数量优势的同业批发商处拿到现成产品，达成合作意愿后，组团旅行社作为销售终端来售卖。这种方式省时省力，但是容易造成产品雷同、低价竞争。

(2) 自己设计开发产品。这种产品的产生需要计调人员具备信息搜集的能力，对旅游资源的吸引力和定位有深入的了解，同时旅行社投入人力、物力进行考察、定位、选择、谈判、组合、宣传、推销等。旅行社自己设计开发的产品在市场上具有竞争优势，但也存在投入成本高、风险大、可能被模仿的风险。从旅行社长远发展看，设计开发产品是旅行社核心竞争力的体现，符合旅游者旅游需求不断提高的发展趋势。

实操训练: 请各模拟旅行社讨论大学生班级春(秋)游的客户需求，考虑市场产品比较、销售推广模式，确定产品主题、目的地、天数和主要景点。要注重可实施性。

3. 如何编排旅游行程概要?

概要就是概括要点，旅游行程概要就是对旅游行程的简要编排。根据主要活动内容，查询行驶时间、游览时间，选择辅助景点，确定用餐、住宿等停留点，安排旅游活动的具体行走路线。

实操训练: 请同学们针对大学生班级春(秋)游的需求，编排一条周边游产品的行程概要。定出主要景点后，查找各景点间的距离、时间，组合行程中的各个项目，敲定行走路线、游览顺序，思考是否需要补充其他景点、出发时间的安排等。考核时间、空间上安排的合理性。

4. 行程中的成本费用如何计算?

根据行程概要，快速计算出成人单价。推荐利用分项计价单来计算，在使用过程中，养成分项写项目、具体列明细的职业习惯，这样会提高效率和准确率。分项计价单示例见表 5-2。

表 5-2　分项计价单

日期	2017.4.6		计价人	常某某
产品名称	大清谷两日游		销售	张某某
序号	项目	价格(单位：元)	备注	
1	车	1 200×2/40=60	45 座车一天 1 200 元，40 个旅游者	
2	门票	20×0.5=10	学生票原价 20 元，旅行社拿打五折	
3	餐	1×10+20×2=50	1 早 2 正	
4	住宿(帐篷)	60/2=30	两人帐篷，60 元/顶	
5	导游服务	200×2/40=10	导游服务费 200 元/天	

6	烧烤	60/6=10	含烧烤架、烧烤工具，若需要调料、食材，另加30元/人
7	篝火	800/40=20	篝火耗材及场地音响租赁费
8	物资耗材	200/40=5	撕名牌、魔术头巾、小奖品等
	合计	195	

实操训练：请同学们根据自己安排的大学生班级春（秋）游的行程中的包含项目，采用分项计价法核算该行程的直接成本。

5. 产品报价是怎么来的？

旅行社的产品报价是指收取旅游者的费用。各个旅行社的产品定价策略不同，大多是在直接成本的基础上，加上旅行社运营的间接成本（如广告费、房租、人工等）、利润，参考同行的产品价格等各种影响因素制定。

报价=直接成本+间接成本+影响因素+利润

在进行产品报价时，有的计调人员会考虑到，租车人均成本会因坐车的人数不同而相差较大，所以在报价中注明价格会因参团人数不同而有所调整，或是将租车费用单列出来，注明45座、35座、18座的租车费用，从而降低旅行社承担的利润风险。

实操训练：请同学们对自己推荐的行程进行报价。

6. 旅行社产品说明书有什么作用？应包含哪些内容？

旅行社产品说明书作为旅行社向旅游者发布产品的说明，具有宣传产品、扩大销售、传播知识的功能。

实操训练：请同学们参照各大旅行社网站的产品展示，分析产品说明书应包含的项目及内容，考虑大学生旅游者的需求特点，完善该周边游的旅行社产品说明书，便于销售人员与大学生春（秋）游班级的负责人沟通。完善并包装该产品说明书，考核吸引性和规范性。

7. 为什么会有团号？

团号是每个旅行社为自己发出的团所编排的序号，在旅行社业务运转中有唯一性。团号是根据一定的顺序和方式排列而成的，一般由字母加数字组成。各旅行社编排方式不尽相同，一般由旅行社名称简写、目的地区域代码、旅游交通、出团日期、出团序数等组成。

团号的形成有三种方式。作为组团社的组团行程有两种：一种是先有团号，后有团队，一般适用于预制产品；另外一种是先有团队，后有团号，一般适用于定制产品。还有一种团号适用于地接社接待组团社行程的情况，称为转接团号，由两部分组成：前半部分为地接社编号，后半部分为组团社团号，便于核对。

实操训练： 请在销售人员签订旅游合同后为该团编制团号。

8. 如何与服务供应商落实旅游计划？

产品说明书制定之后，销售人员与客户达成共识并签订旅游合同，计调人员就可以做该团的落实工作了。计调人员在旅行社前期确定的服务供应商中，选择并确定为该团提供车辆、景点、住宿、餐饮等具体服务的供应商。订车单示例见表 5－3。

表 5－3　　订车单

收件单位	浙江××旅游车队有限公司	发件单位	浙江××国际旅行社有限公司
联系人	王××队长	联系人	金××
传真号码	0571-××××××××	传真号码	0571-××××××××
联系电话	135××××8026	联系电话	159××××7738
团号	ZJGD20170513DQ02A	路线	杭州—大清谷两日
日期	2017 年 5 月 13 日—14 日	旅游者人数	42 人
集合地点	浙江××学院南门	集合时间	早上 7:30
费用金额	1 200×2＝2 400 元	结算方式	☑挂账　□ 现金
车辆要求	国产大巴、车况良好，空调、话筒完好		
备注： 请及时回传确认，谢谢！双方签字盖章生效。			
车队名称（盖章）： 经办人： 日期：		旅行社（盖章）：浙江××国际旅行社有限公司 经办人： 日期：	
车牌号		司机姓名及联系方式	

注意：如果在预订后，旅游者出团日期、抵达时间等发生变化，务必及时发送变更单书面通知。

实操训练： 请起草该团与服务供应商合作的相关协议，如订车单、门票预订单等。

9. 单团概算单有什么作用？包含哪些内容？

单团概算单是在与服务供应商的单次预订协议签字盖章后，计调人员对于该团的具体成本及结算方式进行统计的表格，便于掌握该团的利润、与服务供应商的结算登账、导游派团单的导游结算金额及借款单的审批等。单团概算单示例见表 5－4：

表 5－4　　单团概算单

团号：

序号	项目	供应商或付款方	结算金额（元）	方式	备注
1	车	外事旅游车队	两天 2 600	月结	
2	住	桐庐蓝天宾馆	100×22＝2 200	预付	
3	餐		(1 早×10＋2 正×25)×30 人＝1 800	导游现付	
4	门票		60×30 人＝1 800	导游现付	
5					
6					

操作：　　　　　　　　　　　　　　　　日期：

实操训练： 请填写该大学生团的概算单。

10. 导游派团单包括哪些内容？

导游派团单的主要作用是让导游明确旅行社委托的服务内容，是导游工作的基本依据。导游派团单示例见表 5-5：

表 5-5　导游派团单

<table>
<tr><td>公司名称</td><td>浙江××国际旅行社有限公司</td><td>团　　号</td><td>ZJGD20170513DQ02A</td></tr>
<tr><td>导游姓名</td><td></td><td>联系方式</td><td></td></tr>
<tr><td>计调及联系电话</td><td>金××，159××××7738</td><td>路　　线</td><td>杭州—大清谷两日</td></tr>
<tr><td>司机及联系电话</td><td>王×，139××××8865</td><td>车 牌 号</td><td>浙 A9S292</td></tr>
<tr><td>旅游者及联系电话</td><td>张×，135××××8026</td><td>人　　数</td><td>42 人</td></tr>
<tr><td>日　　期</td><td>2017 年 5 月 13 日—14 日</td><td>客户类别</td><td>大学生团队</td></tr>
<tr><td>集合地点</td><td>浙江××学院南门</td><td>集合时间</td><td>早上 7:30</td></tr>
<tr><td>导游结算费用</td><td colspan="3">合计 3 720 元，借 4 000 元。大写：肆仟元整。</td></tr>
<tr><td>门　　票</td><td>10×42=420</td><td colspan="2">备注：提醒带学生证，成人 15 元/人</td></tr>
<tr><td>篝火及音响设备</td><td>150</td><td colspan="2" rowspan="5">王经理：137××××8826</td></tr>
<tr><td>餐　　费</td><td>1×5×42=210</td></tr>
<tr><td>帐篷租赁</td><td>60/2×42=1 260</td></tr>
<tr><td>烧 烤 炉</td><td>60×7=420</td></tr>
<tr><td>食　　材</td><td>30×42=1 260</td></tr>
<tr><td colspan="4">备注：
1. 物料领取：头巾 42 个，徽章 10 个，荧光棒 1 筒，撕名牌若干，水杯 2 个，导游旗及旗杆 1 套。
2. 车费挂账。
3. 发票名称：浙江××国际旅行社有限公司。
4. 回来一周内报账。</td></tr>
<tr><td colspan="4">行程安排见附件。</td></tr>
<tr><td colspan="4">旅行社（盖章）：浙江××国际旅行社有限公司
经办人：　　　　日期：　　年　　月　　日</td></tr>
</table>

实操训练： 请起草对该春（秋）游团的导游派团单。

11. 导游带领旅游团队游览期间，计调人员需要做什么？

导游带领旅游者游览期间，计调人员需对旅游过程进行监督，防患于未然。若出现问题，及时沟通并协调处理。

12. 旅游团队回来后，计调人员需要做哪些工作？

旅游团队行程结束后，计调人员需要做的工作有：审核报账，登记合作单位账款，总结调整产品和供应商，资料归档等。

第二节 周边游定制业务工作流程

一、工作流程

下面以定制旅行社产品的成团操作为例，展示周边游业务工作流程，如图 5－1 所示。

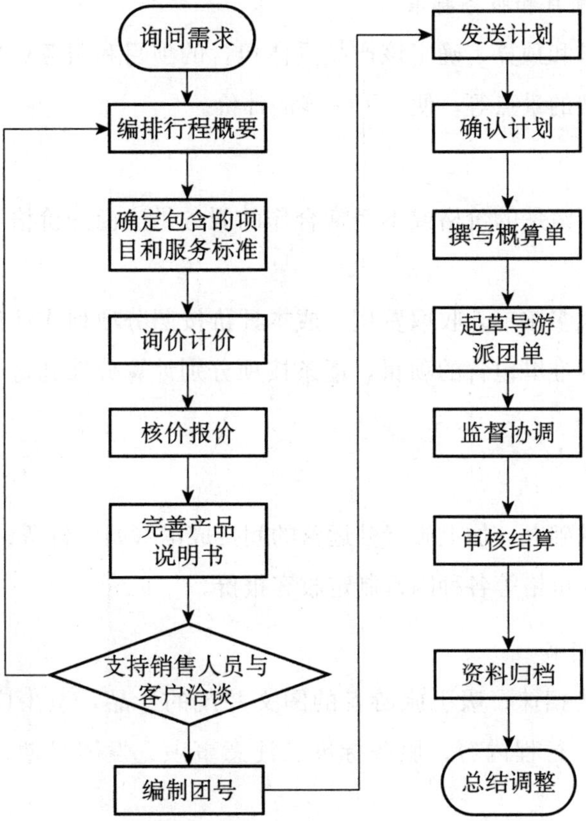

图 5－1 周边游业务工作流程图

二、操作步骤

1. 询问需求

计调人员作为销售人员的有力支撑，若推荐的旅行社产品内容具有吸引力，报价具有竞争力，对销售人员的成功签单具有举足轻重的作用。为了有效地支持销售人员，及时推荐产品和计价报价，计调人员需记录以下信息：销售人员姓名、电话、旅游人数、出行日期、预计天数、预算金额、住宿标准、主要目的地或景点、客户类型等。

2. 编排行程概要

根据主要景点的游览时间和游览点之间的距离、行驶时间，结合客户需求和主要景点的特色，选择辅助景点和用餐、住宿等停留点。注意行程安排应“点线适中、松弛有度”。

3. 确定包含的项目和服务标准

根据客户的需求和预算，确定该产品具体包含的项目和服务标准，如含几餐、住宿等级、包含哪些收费的景点等，便于下一步的计价。

4. 询价计价

计调人员对于不清楚的价格或不经常合作的服务供应商的价格可先进行询价，再进行成本计价。

旅行社的产品大多按单人收取费用，成本计价按照分项列式计价法不容易漏项、错计。可以按照服务标准里包含的项目，逐条按项分别计算分摊到每个人身上的费用，然后合计为直接成本。

5. 核价报价

在直接成本的基础上，加上旅行社运营的间接成本（如广告费、房租、人工等）、利润，参考同行的产品价格等各种因素制定收客报价。

6. 完善产品说明书

产品说明书作为招徕、吸引旅游者的图文并茂的作品，至少应包含企业信息、产品名称、特色亮点、行程内容、服务标准、注意事项、发团日期、限制人数、价格等信息。

7. 支持销售人员与客户洽谈

客户对定制产品表示满意后，计调人员便可进行下一步的落实操作了。如果旅游者在行程安排、包含项目、价格标准等方面有异议，需要销售人员与计调人员进行调整，最终签订旅游合同。

8. 编制团号

销售人员与客户达成共识后，签订旅游合同，生成唯一的“团号”。作为旅行团的唯一代号，团号在旅行社及其合作单位的运转中有不可代替性。各个旅行社的团号编制规则不尽相同，一般包含目的地、天数、出团顺序等内容。

9. 发送计划

计调人员按照旅行社的服务供应商采购要求，选择并确定该团的车辆、景点、住宿、餐饮等具体服务单位，通过传真的形式与其签订该团的委托合同。传真件建议使用具有旅行社抬头的信笺纸撰写，准确传递委托内容，注明价格结算方式及日期。

10. 确认计划

计调人员向服务供应商发送计划后，督促对方确认回传，确保双方均在合同上签字盖章，合同生效。

注意：向服务供应商发送预订计划后，如果旅游者出团日期、抵达时间等发生变化，务必发送变更单书面通知服务供应商，并以收到回复为准。

11. 撰写概算单

计调人员在团队出发前，编写该团的成本利润概算单，对于该团各个项目的支出金额、结算方式、所需时间、利润空间等做到心中有数，便于处理突发事件，与财务有效配合。

12. 起草导游派团单

导游派团单是旅行社给予导游的工作单，有的旅行社称之为计划单。主要内容应包括：旅行社企业信息，计调（销售）、导游、司机、旅游者等相关人员姓名及联系电话，行程内容、服务标准、服务供应商的信息、导游结算信息、公司带团要求等事项。

13. 监督协调

旅游者游览期间，计调人员务必保持与各方的联络畅通，关注游览质量，监督导游工作质量和服务供应商的落实情况，如果出现问题应及时协调沟通并处理。

14. 审核结算

计调人员需审核导游的报账单和原始票据，按照公司财务管理制度报账。将涉及该团的协议单位的相关款项及时登记在团队费用往来明细表上，以便核对。

15. 资料归档

整理该团操作的相关原始资料并登记存档。保存期至少 2 年，便于以后查询。

16. 总结调整

根据导游及旅游者的反馈，及时传达给受到表扬的单位和个人，对于投诉的问题及时总结，如有必要则应调整旅行社产品或旅行社产品服务供应商。

思考及练习

1. 制定旅行社的产品报价应考虑哪些项目？
2. 产品说明书的作用是什么？应包含哪些项目？各项目有什么作用？
3. 导游派团单的作用是什么？应包含哪些项目？

第六章 地方接待业务实操

地方接待业务是指在旅游目的地做接待的业务，包括国内旅游者和入境旅游者的接待。其中，入境旅游者的地接业务分为一地和联线两种。若入境业务是一地业务，仅在一个地方游览，如北京入、北京出的行程，由一家旅行社操作即可完成。这种接待与内宾地接业务操作类似。假如入境业务是联线行程，例如入境的口岸是上海，在华东地区的旅游结束后再去西安、四川等地，那么计调的操作分为两个阶段：第一，作为地接社，将华东地区的旅游安排妥当；第二，做好其他目的地的接洽和采购工作（参照组团业务操作）。

第一节　任务导入及分解

一、任务导入

假设你所在的旅行社负责外联的同事接到了湖北某旅行社来华东地区旅游的询价单（见表 6－1），请讨论：旅行社从知道信息到接待该团队在华东地区的旅游结束，需要做哪些事情？

表 6－1　　询价单

收件单位：浙江××旅行社	寄 件 者：湖北××国际旅行社　王慧
收 件 人：张江经理	电　　话：027-87××××22
联系电话：0571-88××××66	传　　真：027-87××××33
传真电话：0571-88××××33	手　　机：159××××9886
主　　旨：华东五市地接询价单	文件页数：1 页
张江经理： 　　您好！感谢您及贵社长久以来对我社的大力支持！祝财源滚滚！ 　　我社预计在 5 月 20 日左右有一团队将游览华东五市，人数 30 大+2 儿+1 全陪，具体行程附后。服务标准为当地空调旅游车、三星级酒店双标间，含餐，优秀导服。请贵社分解报价！谢谢！如有不明请及时联络。谢谢！ 湖北××国际旅行社：王慧 ××年 ××月 ××日	

第一天	早上 06:51 抵达南京，游集中国近现代史之大成的民国总统府、两江总督署、太平天国天王府、江南名园——煦园；民国文化街区，含国共谈判旧址及梅园（周一闭馆）、民国 1912 酒吧街等；下午游集南京六朝文化和民俗市肆文化于一身的夫子庙-秦淮河风光带：乌衣巷、文德桥、大红墙、泮池、天下文枢坊、东市、西市等。晚上前往无锡。【住无锡】【×中×】

第二天	上午游鼋头渚景区——太湖第一名胜，含鼋渚春涛、三山仙岛，乘豪华游船畅游波光千里的太湖。赴苏州，游留园——世界文化遗产、中国四大古典园林之一，含五峰仙馆、鸳鸯厅、冠云峰、又一村、涵碧山房等；虎丘景区——苏州的象征、吴中第一名胜，断梁殿、云岩寺、虎丘塔、试剑石、剑池、二仙亭、千人岩等。【住苏州】【早中晚】
第三天	上午出发，游中国最美的水乡古镇之一——乌镇（含财神湾、蓝印花布馆、当铺、茅盾故居、林家铺子、江南百床馆等）；赴杭州，泛舟西湖（乘休闲画舫游西湖，观三潭印月、阮墩环碧、湖心亭、孤山烟岚、断桥等）；花港观鱼（西湖十景之一，含红鱼池、御碑亭、牡丹园等），苏堤春晓（西湖十景之一）；曲院风荷（西湖十景之一，著名赏荷胜地，南宋酒文化馆等）；晚上自费观看宋城表演（感受典型的南宋文化，体验前所未有的视觉盛宴）。【住杭州】【早中晚】
第四天	晨赴上海，游外滩（上海象征，黄浦江风光、万国建筑博览等）、南京路（十里洋场，中华第一商业街）；上海 CBD——浦东陆家嘴；观上海标志——金茂大厦（88 层）、东方明珠（高 468 米）、环球国际金融中心（110 层）、黄浦江隧道等；晚上 19:28 乘 K11 次火车或其他车次返回武汉。【住火车】【早××】

二、任务分解

1. 组团社发送的华东地区的游览行程一定合理吗？

合理的旅游行程应该是各个景点的游览时间合适，路线顺序合理。需要考虑山区、高速路、城市内的旅游车的行驶速度差异、吃饭时间点安排等。

实操训练： 作为华东地区地接社的计调人员，必须对华东地区的旅游资源相当熟悉。请你审核湖北组团社计调人员提供的行程是否合适，主要看各停留点的时间安排及行驶路线、距离时间是否合理。此外，请编排一条华东地区对于亲子旅游者或老年旅游者的三天两晚行程。

2. 地接社计调人员在分项计价时成人与儿童各包含哪些项目？

根据包含的项目和服务标准进行成本计价，如有必要可向服务供应商询价后计价。注意成人计价按照行程中的要求，包含门票、当地交通、住宿、餐费、地接导游服务费等。儿童计价项目参照各旅行社网站中旅行社产品说明书的儿童费用包含项目后自行分析。

实操训练： 请分项计算成人与儿童的直接成本。

3. 地接社计调人员如何在直接成本的基础上给组团社报价？

按照组团社的要求，地接社计调人员需分项报价。在直接成本的基础上，地接社计调人员可在每个项目上增加一定的利润，如门票按照全价报，住宿和车辆分别有一定的上浮利润等。每个旅行社的报价策略不同，采购成本也有差异。报价技巧需要在工作实践中总结。

实操训练： 请以华东地区地接社计调人员的身份起草一份给组团社计调人员的报价单。

4. 地接社计调人员收到组团社的接待计划之后需要做什么？

组团社计调人员接到报价单后，经过与客户沟通，签订组团旅游合同，便可将此团交给地接社接待。地接社计调人员在接到团队接待计划后，应仔细核查接待人数、行程内容、包含项目、住宿标准、用车标准、有无全陪、结算金额及时间、方式，如有不明应及时沟通。无异议后双方签订接待协议，签字盖章，合同生效。

5. 组团社与地接社签订接待计划确认件后，地接社计调人员需预订哪些相关合作单位的服务？

地接社计调人员应根据接待协议的要求，预订符合服务标准的当地旅游车辆、住宿、门票、餐厅等。

旅行社与酒店一般会签订年度合作协议，示例见表 6－2。每次团队用房的时候单独发预订单即可，单次订房预订单见表 6－3。

表 6－2　旅行社与酒店合作协议

协议编号：________

甲方：××××酒店有限公司（以下简称甲方）

乙方：××国际旅行社有限公司（以下简称乙方）

双方经过友好协商，签订如下协议：

1. 本协议有效期自____年____月____日至____年____月____日止。

2. 团队房价：

房间类型	挂牌价	订房时段					
		除 7、8 月份及特定节假日		7、8 月份		法定假日	特定节假日
		非周末： 单/标：4 折 套间：6 折	周末： 单/标：5.5 折 套间：7 折	非周末：6 折	周末：7 折	全部 6 折	全部 9 折
高级大床房	￥1 180	￥472	￥649	￥708	￥826	￥708	￥1 062
高级双床房	￥1 180	￥472	￥649	￥708	￥826	￥708	￥1 062
豪华大床房	￥1 280	￥512	￥704	￥768	￥896	￥768	￥1 152
豪华双床房	￥1 280	￥512	￥704	￥768	￥896	￥768	￥1 152
湖景大床房	￥1 520	￥608	￥836	￥912	￥1 064	￥912	￥1 368
湖景双床房	￥1 520	￥608	￥836	￥912	￥1 064	￥912	￥1 368
商务大床房	￥1 680	￥672	￥924	￥1 008	￥1 176	￥1 008	￥1 512
高级套房	￥2 580	￥1 548	￥1 806	￥1 548	￥1 806	￥1 548	￥2 322
豪华套房	￥2 680	￥1 608	￥1 876	￥1 608	￥1 876	￥1 608	￥2 412
商务套房	￥2 880	￥1 728	￥2 016	￥1 728	￥2 016	￥1 728	￥2 592

说明：1. 法定节假日（元旦、端午、中秋）及相连的双休共计三天；

2. 特定节假日包括春节初一至初六、“五一”期间、国庆期间三大节日；

3. 旅行社散客（低于 5 间房）订房需另收 15%服务费；

4. 所有房间均含双份早餐（88 元/份中西式自助早餐）；

5. 团队房均免收 15%服务费及城市维护建设费；

6. 10 人以上（含 10 人，同时不低于 5 间付款房间）成团；

7. 以上房价如因市场原因需要再调整，双方应本着友好互谅的原则协调解决；

8. 以上房价适用于在酒店用餐的团队，对于不用餐的团队，酒店保留上浮房价的权利。

甲方：　　　　　　　　　　乙方：

代表人：　　　　　　　　　代表人：

日期：　　　　　　　　　　日期：

表 6-3　　订房预订单

收件人：王×经理	发件人（From）：方×玲
单　位：南京××酒店	单　位：杭州××旅行社
电　话：025-888××888	电　话：1377××××874
传　真：025-888××666	传　真：0571-××××××××
团　　号：NCN20170816hd04A 入住时间：2017 年 8 月 16 日 18:00—2017 年 8 月 17 日 12:00 共一天。 住宿要求：普通双人标准间 16 间，陪同 1 间 房费标准：260×16+150×1=4 310 元 膳食标准：含自助早餐 付款方式：挂账 备　　注：其他费用由客人自理。请确认回传。	
酒店操作人： 酒店盖章： 年　月　日	旅行社操作人： 旅行社盖章： 年　月　日

实操训练： 请起草该团队的住宿预订单。

6. 当和旅游车辆、住宿、门票、餐厅等合作单位完成确认后，计调人员在团队游览时还需要做哪些事情？

地接社计调人员和各个服务供应商确认后，应根据周边游业务模块中所学的知识，在团队抵达前、团队游览中，讨论还有哪些事项要做。

实操训练： 请将这个时间段中的工作按照前后顺序表述出来。

7. 地接社计调人员在团队旅游行程结束后应注意的事项有哪些？

地接社计调人员提醒地接导游在旅游者离站前填写团队服务质量反馈表，便于与组团社结账使用。应在旅游行程结束后，及时发送对账单。若组团社未付清团款，应按照接待合同上的期限催促组团社及时结账，避免旅行社现金流回笼困难。

实操训练： 请将旅游结束后计调人员的后续工作按照顺序表述出来。

第二节　组团社委托地接业务工作流程

一、工作流程

下面以组团社委托的地接业务操作为例，展示地接业务工作流程，如图 6-1 所示。

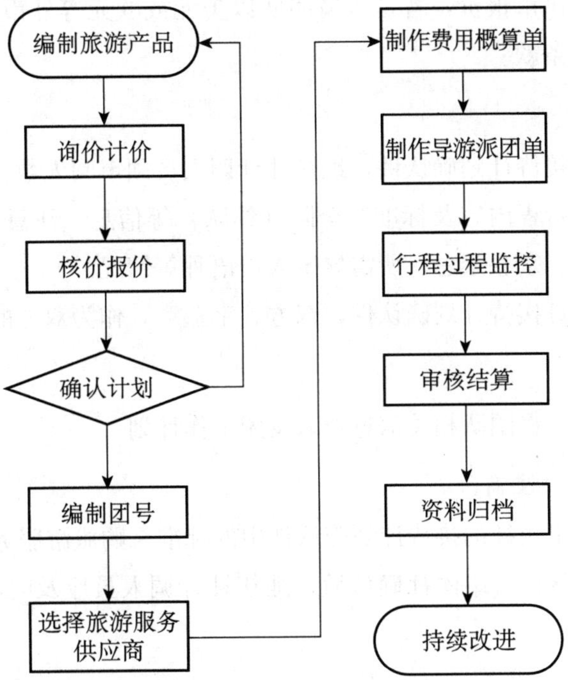

图 6－1　地接业务工作流程图

二、操作步骤

1. 编制旅游产品

（1）地接社计调人员比组团社计调人员更熟悉操作地接范围内的旅游资源，可根据组团社的要求，对于旅游目的地的游览行程进行路线规划和合理编制，或根据旅游目的地的特点设计开发有特色的旅游产品。

（2）如果组团社提供了旅游路线，地接社计调人员应仔细阅读审核，若认为不合理或不能实现，应提出相应合理、可行的建议，及时与组团社计调人员沟通更改。

2. 询价计价

（1）地接社计调人员需注意询问、记录组团社或外联提供的以下信息：大概人数、行程天数、出行日期、主要行程、往返大交通、对方公司全称、联系人及电话、有无陪同人员等。

（2）产品编排后，地接社计调人员有必要向服务供应商询价后计算直接成本。

3. 核价报价

（1）分项计价表易于计算和核算，可提高计算的准确度及效率。

（2）报价宜以人民币报价，若是入境团队以美元或欧元等外币报价，应注明计价汇率和汇率变化的约定条款。

4．确认计划

（1）组团社发送接待计划确认件，地接社计调人员须审阅人数（有几大几小）、抵离日期、接送团地点、行程内容及标准、全陪（领队）等信息。注意旅游团中有无单男单女、特殊的民俗习惯、宗教禁忌、所需导游人员语种等情况。

（2）与组团社签订接待计划确认件，双方签字盖章，作为双方的结算依据。

5．编制团号

给该团编制团号，将团队相关信息列入发团工作计划。

6．选择旅游服务供应商

（1）严格按照与组团社的接待计划确认件中的标准采购旅游服务供应商的服务。

（2）接待计划确认件待组团社确认后，地接社计调人员应及时与旅游服务供应商签订接待计划。

7．制作费用概算单

（1）按照与旅游服务供应商签署的接待计划起草团队费用概算单，核算团队大致利润空间。

（2）需要提前支付的费用或导游需要携带的现金应及时通知财务。

8．制作导游派团单

制作导游派团单，打印行程单，明确注意事项，做好物料准备。选择导游服务应符合《导游服务规范》（GB/T 15971—2010）的要求。

9．行程过程监控

（1）应24小时监控旅游行程中的游览情况，监督旅游服务供应商按照旅游计划完成接待任务，协调导游处理遇到的各类突发事件。

（2）团队旅游途中若行程内容、服务标准与协议有变更，须要求导游与旅游者签订变更协议。

（3）当旅游途中发生意外或遭遇不可抗力事件时，应通知相关单位及部门并及时上报。

（4）团队结束前要求导游做好旅游者质量反馈单的填写和回收工作，与组团社结账时使用。

10．审核结算

（1）旅游行程结束后，收集导游工作日志。督促地接导游及时与旅行社结账，按照旅行社制度审核报账。

（2）起草与组团社的结算清单，按照接待计划确认件中的结算时间结清应收款项。

（3）核算旅游服务供应商费用明细并提交财务部，按照协议日期及时付款。

（4）制作团队成本清单，提交财务审核并存档。

11. 资料归档

（1）整理所有原始资料，按一团一卷归档，卷面注明团号和旅游时间。

（2）卷宗内应归集计价、报价、预订、确认接待计划及变更的往来确认函等完整的业务资料。

（3）原始资料应保存 2 年，业务数据应保留 3 年，结算数据宜长期保存。

12. 持续改进

（1）对旅游活动中出现的质量问题应及时纠正，提出预防和改进措施。

（2）应及时关注旅游者和导游对旅行社产品的质量反馈情况，应根据反馈结果对旅行社产品进行分析和优化。

（3）建立旅游者针对旅游服务供应商的投诉记录制度，并对投诉记录内容进行分析、统计。

（4）定期对旅游服务供应商进行评估和调整，保持旅游服务质量持续改善。

思考及练习

1. 组团社发来的地接行程能否更改？

2. 请以地接业务为例，介绍分项计价法。

3. 地接社计调人员在接到团队接待计划后应仔细核对哪些项目？

第七章 国内长线组团业务实操

国内长线组团业务是指旅游客源地由组团社和旅游者签订旅游合同，将旅游目的地的服务委托给地接社的业务。

长期以来，我国旅行社跨区域经营受到一定的地域限制，异地旅游业务都必须通过当地的旅行社完成。另外，中小型旅行社在操作长线业务时，不具备大交通等旅游资源的掌控能力，所以大多数从批发商拿取专线旅行社产品来销售，组团社与旅游者签订旅游合同后，再交给批发商，批发商交给地接社。在本章中，同业社指批发商和地接社。

第一节 任务导入及分解

一、任务导入

某单位准备组织员工在国内旅游，前期已经去过北京、青岛、厦门等地，今年拟去四川、云南、海南等地区。请问贵公司应如何操作?

二、任务分解

1. 由于旅行社属地管理等方面的限制，组团社操作国内长线和出境业务需要采购同业社的服务才能完成服务。请问组团社与同业社的关系是怎样呢?

组团社直接面对客户并签订旅游合同，所采购的同业社也是提供旅游服务的企业，二者存在互惠互利、互相监督、互相转换的关系（见图7－1）。

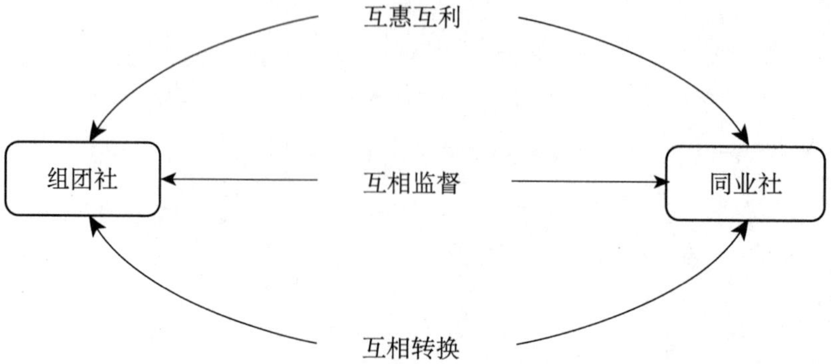

图7－1 组团社与同业社关系图

互惠互利：组团社与旅游者签订合同，同业社接受组团社的委托为旅游者提供服务，二者均是在服务旅游团的过程中获得盈利。组团社与同业社追求的共同目标是客户满意并成为回头客。如果旅游者报名参加组团社A的旅游团，在四川是由地接社B接待的，可在四川当地感觉不好，那么该旅游者以后想去其他地方旅游可能就不会再选择组团社A。此外，由于旅游团反馈不好，组团社A可能不会再将以后四川的团队交给地接社B接待。

互相监督：组团社按照与旅游者签订合同的服务内容和标准委托同业社接待，需要监督同业社的服务质量，确保同业社按照合同、协议的内容及标准提供服务。同业社需要监督组团社的信息是否准确、账款结算是否及时。二者在监督的基础上达到合作共赢的目的。

互相转换：组团社和同业社有可能存在角色互相转换的关系。例如：杭州旅行社A作为组团社采购四川旅行社B的四川旅游产品，四川旅行社B也会转换为组团社采购杭州旅行社A的华东旅游产品，杭州旅行社A作为华东地接旅行社接受四川旅行社B的委托完成华东地区的业务。

实操训练：讨论杭州小型旅行社作为组团社直接采购四川的地接社产品和采购杭州当地的四川旅游批发商产品的利与弊。

2. 组团社可以通过哪些途径寻找批发商或地接社的信息？

组团社可以通过参加旅游推介会、同业广告、同行介绍、上门推销、网上查询等多种途径搜集批发商、地接社的信息。

旅游推介会大多由旅行社协会或旅游主管部门牵线，组织目的地的旅行社、景区等单位，到旅游客源地邀请同行参与，进行产品推广和交流。

近几年，随着互联网平台的发展，出现了越来越多的同业平台，目前常用的同业销售平台有欢途网、同天下、欣欣、环球旅游同业网等。

实操训练：请模拟旅行社寻找两家旅行社经营的四川九寨沟产品信息。

3. 选择同业社合作时需要考虑哪些因素？

选择高质量的同业社合作，是采购到优质接待服务的关键。

初次筛选接待社时应进行全方位的考察。考察的内容应包括：合法性、规模大小、基本情况、管理人员状况、信誉度、美誉度、计调人员素质、旅游接待资源掌控的能力（淡旺季的接待能力）、对合作伙伴的依赖性和成长性等。

在一个地区，每年度宜选择数家不同类型的旅行社，以便对质量和价格进行比较。应与选定的接待社签订合作合同，并要求其提供经营许可证、营业执照副本复印件存档。合作后应注意留存接团记录和客户反馈，对同业社进行考评记录，定期整理供应商名录。对于合作良好的旅行社继续签订合作协议，对于合作不顺畅的旅行社及时终止合作。

实操训练：请模拟旅行社查询选定的两家旅行社的基本信息。

4. 如果你作为组团社计调人员，想借助地接社的帮助完成产品的编排与报价，起草询价单应包含哪些信息？

由于组团社计调人员对于目的地的信息、价格等方面的了解没有地接社计调人员清楚，因此在编排产品时往往需要地接社的帮助。有的组团社计调人员会从同业平台上直接采购产品用于散拼团的产品收客使用，遇到像这种单位定制单独成团的情况，通常需要地接社（或批发商）的单独报价。

实操训练：起草一份关于四川九寨沟旅游产品的询价单。

5. 大交通为飞机，你能快速且准确地计算出杭州—成都段成人和儿童的往返机票价格吗？

国内航空机票价格＝票面价格×折扣＋民航发展基金（原机场建设费）。燃油附加费于2015年2月5日停收。

民航发展基金收费标准为国内机票50元，出境机票90元。对于持外交护照乘坐国际及地区航班出境的旅游者、年龄在12周岁以下的乘机儿童及婴儿、乘坐国内支线航班的旅游者收费为0元。

实操训练：杭州—成都经济舱全价为1 690元，请计算成人六折机票、儿童往返机票的价格。

6. 国内长线组团的团队业务计价包含哪些项目？

采取分项列式计价法来分析国内长线组团业务的计价项目有：机场往返接送、大交通（往返机票或火车票费用）、陪同费用分摊（全陪大交通、导游服务费）、当地旅游汽车、门票、餐饮、住宿、地接导游等。

实操训练：根据四川地接社的报价单（见表7-1），按照1 690元的机票价格，请用分项列式法分别计算该团成人、儿童的直接成本。

表7-1　　团队报价单

<table>
<tr><td>TO</td><td>浙江×××旅行社</td><td>收件人</td><td>金×</td><td>FAX</td><td>0571-85××××02</td><td>TEL：0571-85××××49</td></tr>
<tr><td>FROM</td><td>成都××××国旅</td><td>签发人</td><td>黄×</td><td>FAX</td><td>028-66××××85</td><td>DATE：2018.04.08</td></tr>
<tr><td colspan="7">5、6、7、8月，30～40人成都、九黄四飞5日行程及报价：</td></tr>
<tr><td colspan="6">D1：成都双流机场接机，入住酒店。(不含餐)</td><td>宿：成都</td></tr>
<tr><td colspan="6">D2：驱车赴成都双流机场，乘机前往川主寺九黄机场（空中飞行时间约45分钟），驱车赴黄龙风景区游览（78千米、行车时间约1.5小时、游览时间约4小时），游览后赴九寨沟沟口入住酒店（140千米、行车约3.5小时），晚上可走进藏家品尝藏式风味烤羊（自费150元/人）（早中晚餐）</td><td>宿：九寨沟</td></tr>
</table>

<table>
<tr><td colspan="2">D3：进入九寨沟风景区游览：九寨沟是岷山山脉一条纵深达 40 千米的沟谷，因沟内原有 9 个藏族村寨而得名。景观主要分布在树正沟、日则沟、则查洼沟，这 3 条沟略为丫字形，从景区口羊峒到诺日朗是树正沟，从诺日朗到日则是日则沟，两条沟共长 30 千米，从诺日朗到东南的长海是则查洼沟，长约 18 千米。主干道由环保车代步，如精细游览，需步行栈道，细细品味。晚上可自费参加九寨沟藏羌风情晚会（自费 150 元/人）（早 8 点进入景区，约晚 5、6 点游览完毕；3 条沟游览顺序根据当日观光车调度安排调整）（早晚餐、不含九寨沟沟内自助中餐）</td><td>宿：九寨沟</td></tr>
<tr><td colspan="2">D4：前往川主寺九黄机场（108 千米、行车约 2 小时），乘机返回成都（空中飞行约 45 分钟），前往武侯祠（游览时间约 1.5 小时），欣赏馆内丰富的蜀汉文物，红墙青瓦、古柏森森，领略三国文化，思慕诸葛遗风，锦里仿古一条街。锦里以特色小摊的方式举行民间艺人的展演（如糖画、捏泥人、剪纸表演、皮影表演、西洋镜等），还有风味独特的民间小吃集市（游览约 1.5 小时）（早中晚餐）</td><td>宿：成都</td></tr>
<tr><td colspan="2">D5：乘机返回杭州，结束四川之行（早餐）</td><td></td></tr>
<tr><td colspan="3">服务标准：三星酒店标准间；空调旅游车；行程内景点门票；景区观光车；优秀导游服务；4 早 5 正（正餐八菜一汤、十人一桌）</td></tr>
<tr><td colspan="3">费用不含：黄龙往返索道 120 元/人（上行 80 元/人，下行 40 元/人），九寨沟自助中餐 60 元/人</td></tr>
<tr><td colspan="3">自费项目：
九寨沟藏羌风情晚会 150 元/人（约 2 小时）；四川麻辣火锅 68 元/人（配菜式）；藏家乐（藏式风味烤羊）150 元/人（19:30 开场，约 1.5 小时）；川剧变脸秀甲票 220 元/人（1～7 排）、乙票 180 元/人（7 排以后）（约 1.5 小时）</td></tr>
<tr><td rowspan="4">房费</td><td colspan="2">5 月：成都：80 元/人/晚×2 晚＝160 元/人（含早）；九寨沟：60 元/人/晚×2 晚＝120 元/人（必须店内用晚餐才含早餐，如不用晚餐，早餐费照付）
小计：280 元/人（不含单房差）</td></tr>
<tr><td colspan="2">6 月：成都：80 元/人/晚×2 晚＝160 元/人（含早）；九寨沟：70 元/人/晚×2 晚＝140 元/人（必须店内用晚餐才含早餐，如不用晚餐，早餐费照付）
小计：300 元/人（不含单房差）</td></tr>
<tr><td colspan="2">7 月：成都：80 元/人/晚×2 晚＝160 元/人（含早）；九寨沟：130 元/人/晚×2 晚＝260 元/人（必须店内用晚餐才含早餐，如不用晚餐，早餐费照付）
小计：420 元/人（不含单房差）</td></tr>
<tr><td colspan="2">8 月：成都：80 元/人/晚×2 晚＝160 元/人（含早）；九寨沟：140 元/人/晚×2 晚＝280 元/人（必须店内用晚餐才含早餐，如不用晚餐，早餐费照付）
小计：440 元/人（不含单房差）</td></tr>
<tr><td>餐费</td><td colspan="2">20 元/人/次×3 次＋九寨沟店内晚餐 30 元/人/次×2 次＝120 元/人</td></tr>
<tr><td>门票</td><td colspan="2">九寨沟 220 元/人＋黄龙 200 元/人＋武侯祠 48 元/人（挂 60 元/人）＝468 元/人</td></tr>
<tr><td>换车</td><td colspan="2">九寨沟景区环保车 90 元/人</td></tr>
<tr><td rowspan="4">车费</td><td>5 月：150 元/人</td><td rowspan="4">（30 人以上价格）</td></tr>
<tr><td>6 月：160 元/人</td></tr>
<tr><td>7 月：180 元/人</td></tr>
<tr><td>8 月：200 元/人</td></tr>
</table>

合计	5月：成人：1 148元/人 12岁以下小孩：330元/人（含旅游车位费、早餐、半价正餐，其余自理）
	6月：成人：1 178元/人 12岁以下小孩：340元/人（含旅游车位费、早餐、半价正餐，其余自理）
	7月：成人：1 318元/人 12岁以下小孩：360元/人（含旅游车位费、早餐、半价正餐，其余自理）
	8月：成人：1 358元/人 12岁以下小孩：370元/人（含旅游车位费、早餐、半价正餐，其余自理）
备注	1. 以上价格均为正常价格，不含黄金周、成都大型会议、会展期间的价格。 2. 4月15日起九寨沟沟内中餐上涨为60元/人/次。 3. 九寨沟景区酒店，热水、空调均为定时供应；为了环保，都无一次性洗漱用品。

联系人：黄×：1380××××199　　　　杨××：135××××6407
TEL：028-66××××80　66××××81　66××××82　66××××84
FAX：028-66××××85（24小时自动）　66××××83（人工）
地址：成都市××××大道××××路2号××××国旅总部3楼××××室

7. 搜集分析四川的旅游资讯，选定一个客户群体，分析其需求，可比较各旅游网站上的旅游产品，按照产品说明书的要求展现

在不同的时代和地区，旅游者的需求各有特点，有普通观光、休闲度假、健康疗养、研学、美食、摄影等。

实操训练：请你编排一条成都的主题旅游产品，注意产品名称、行程特色的提炼。

8. 销售人员与客户签订协议后，计调人员须及时向确定合作的服务供应商预报接待计划，例如向票务销售部门或机构预订机票，与地接社确认接待计划等

接待计划是与确定合作的服务供应商签署的协议，确保围绕旅游合同提供符合标准的服务。接待计划经过双方沟通后，明确购买服务的内容、标准及付款方式和期限等，应在旅游者出发前双方盖章确认生效。

实操训练：起草一份四川成都某旅行社的接待计划。

9. 计调人员与相关服务供应商落实后，起草出团通知书提供给旅游者

出团通知书作为旅游者出行的详细说明，为旅游合同的补充协议，须列明产品说明书中尚未明确的要素，对产品说明书做完善和补充。例如：对无全陪的旅游者须告知旅游目的地的具体接洽办法和应急措施，以及该旅游行程中的注意事项和温馨提示等。

实操训练：按照样表7-2的格式，起草一份出团通知书。

表 7－2　出团通知书

成都九寨沟黄龙双飞五日游出团通知书

______先生/女士：

欢迎您参加我公司的国内旅游，现通知您有关出团事宜：

集合时间	××年××月××日××：××（莫干山路××号，天鸿酒店对面）
去程班次	××月××日 CA1741（杭州 07:55/10:50 成都）
返程班次	××月××日 CA1742（成都 12:10/14:45 杭州）
领队人员	吴××　手机：130××××7322
全陪人员	叶××　手机：186××××3290
应急处理	金××　手机：138××××3422　刘××　手机：136××××9118
接团方式	××××贵宾一行
接待标准	1. 费用包含： 交通：杭州—成都往返经济舱机票（含民航发展基金） 住宿：茂县国际大酒店、九寨沟棠中酒店、成都峨眉山酒店 用车：全程空调旅游车 用餐：正餐十人一桌，八菜一汤，不足十人，菜量种类相应减少，敬请谅解 门票：行程所列景点首道门票（含九寨沟环保车） 导游：全程导游陪同服务、当地专业导游服务 其他：旅行社责任保险及综合服务费 2. 不含项目：旅游人身意外险和交通工具意外险、自费项目（以旅游者自愿参加为原则） 3. 自费项目：九寨沟藏羌风情晚会 150 元/人（19:30 开场，约 1.5 小时）；藏家乐 150 元/人（19:30 开场，约 1.5 小时）；川剧变脸秀 1～7 排 220 元/人、7 排以后 180/人（约 1.5 小时）
旅游贴士	1. 九寨沟酒店因提倡环保，酒店内不提供一次性用品，请备齐洗漱等常备用品。 2. 要有足够的御寒衣物。九寨沟为高山气候，即使是夏季也早晚凉、中午热，因此要注意保暖，特别预防感冒和上呼吸道感染。景区日照强，紫外线强。长时间在户外活动，请戴上太阳帽，涂抹防晒霜，以保护皮肤。 3. 注意高原反应。九寨沟区属中高海拔地区，一般旅游者不会有太大的高原反应。但黄龙海拔较高，要量力而行，不宜剧烈运动，宜少饮酒，多食蔬菜、水果，以防发生高原反应。另可预备些强心、利尿、扩张血管的药品，以及安眠药、晕车药等。 4. 年老体弱者，应备好常用药品，最好能配备小型氧气瓶（可当地租或购买）。 5. 九寨沟地处山区，海拔较高，蔬菜、水果较少，景区内的饮食价格偏贵且质量不好，可自带高热量的食品，如巧克力、牛肉干等；九寨沟内住宿条件较一般大城市稍差。 6. 尊重当地少数民族的生活习惯和信仰，避免与当地居民发生冲突。 7. 爱护景区一草一木，注意景区环保，听从管理人员安排，有困难及时与管理人员联系。不要投食喂鱼。为确保安全，最好在导游人员的陪同下游览，以免造成意外事故。
温馨提示	1. 请爱护酒店设施，谨防烟头及水果污渍损坏房内设施。如有不慎，则须旅游者赔偿。 2. 自助早餐的食物须在酒店内食用，一律不可外带。 3. 衣服洗涤后不可晾晒在灯罩、空调通风口等处，以免造成电机短路等故障。

『神奇九寨沟、圣地黄龙』成都九寨沟黄龙双飞五日游（参考行程）

日程	行程	餐	住宿
D1 08.18	萧山国际机场国内出发（所有出港的国内、国际及地区航班旅游者办理登机手续的截止时间为航班起飞前40分钟），搭乘CA1741（07:55/10:50）前往成都。驱车经都江堰、汶川、茂县（如遇暴雨或塌方造成213国道封闭，则经绵阳，赴江油，路程增加80～100千米），入住酒店休息。	— 中 晚	茂县 或 江油
D2 08.19	早餐后，乘车前往“人间瑶池”【黄龙风景区】（行车约4小时，游览约3小时）。游览后乘车赴九寨沟，前往沟口入住酒店。晚上可自费参加走进藏族人家品尝藏式风味烤羊活动。	早 中 晚	九寨沟
D3 08.20	早餐后，游览【九寨沟风景区】：景观主要分布在树正沟、日则沟、则查洼沟，这3条沟略为丫字形，从景区口羊峒到诺日朗是树正沟，从诺日朗到日则是日则沟，两条沟共长30千米，从诺日朗到东南的长海是则查洼沟，长约18千米。主干道由环保车代步，如精细游览，需步行栈道，细细品味。（早8点进入景区，约晚5、6点游览完毕；3条沟游览顺序根据当日观光车调度安排调整）晚上可自费参加九寨沟藏羌风情晚会（自费150元/人）。	早 中 晚	九寨沟
D4 08.21	早餐后，乘车返回成都（450千米、行车约7.5小时），途中参观藏羌工艺馆、大唐林卡水晶展销中心（免费品尝牦牛肉，每个购物点约45分钟），抵达成都后入住酒店休息。	早 中 晚	成都
D5 08.22	早餐后，前往【锦里仿古一条街】：锦里以特色小摊的方式举行民间艺人的展演，还有风味独特的民间小吃集市（游览约1.5小时），适时前往机场，乘坐航班CA1742（12:10/14:45）返回杭州，结束四川之行。	早 — —	

接待说明：

1. 团队住宿按床位分房，如旅游者不愿意或拼房不成功，则用房差价由旅游者自理。如旅游者不占床则退还房费，但须补足早餐费。

2. 出团时成人必须携带有效期内身份证原件，儿童必须携带居民户口簿原件。

3. 报名确认后，如出现退团，按所签国内旅游合同规定处理。

4. 景点可能游览顺序互换但不会减少，由于航班变动及其他不可抗拒因素，造成时间延误及景点减少，我社负责退还因此造成的门票差额；景点门票为旅行社折扣价，如持优待证件（如老年证、军官证、教师证等）产生折扣退费的，按实际差额退还。

5. 如是旅游旺季，我社有权按照当地客观条件对行程做出相应变动，但标准不降低，景点不减少。

6. 请配合导游如实填写当地的意见单，不填或虚填者归来后投诉将无法受理。

7. 全国各地部分酒店为推行环保政策，将不再免费提供一次性洗漱用品，建议旅游者自备。

8. 老年旅游者预订提示：a. 60周岁以上的旅游者报名参加旅游时，请填写健康证明，说明年龄及身体健康状况，以及根据身体健康状况不宜参加的特殊游程或者项目（如交通工具、饮食、特殊地域环境限制等），并提供家属的联系方式。b. 70周岁以上的旅游者请由家属陪同参团。c. 因服务能力所限，不接受80周岁以上的旅游者出游报名，敬请谅解。

9. 未成年旅游者预订提示：a. 未满18周岁的旅游者请由家属陪同参团。b. 不接受18周岁以下的旅游者单独报名出游，敬请谅解。

10. 因九寨沟内酒店相关规定，入住当地酒店，须在酒店中使用正餐，若旅游者放弃不用则无法退还餐费。

> 11. 为推行环保政策，九寨沟酒店内不放一次性洗漱用品，请旅游者自备。
> 12. 如因当地天气原因不能游览黄龙风景区，则改游牟尼沟扎嘎瀑布景区（70元/人），退还门票差价130元/人。
> 13. 特别提示：黄龙索道的开通给广大旅游者提供了快捷方便的游览方式，但是受到高原条件的制约，高血压、心脏病、冠心病及体弱者根据自身的情况如要参观黄龙，不宜乘坐黄龙索道，请选择步行上山，攀爬高度视自身健康情况而定。
> 14. 由于旺季车多、旅游者多，司机行进途中因以上不可抗因素引起的迟到望旅游者谅解。风景区停车场通常离上车地较远，请旅游者耐心等待，必要时还需大家配合，前往停车场集合，步行约15～20分钟。望旅游者谅解并配合我社工作。

10. 你知道航空机票的退、改、签指的是什么呢？

计调人员作为专业的旅游从业者，要分清退票、改期、签转的区别。详见第一章第二节交通业相关内容。

旅行社的机票大多为团队折扣票，各大航空公司按照票价折扣收取退票费的政策具体标准并不相同，团队折扣票对于退票、改期、签转的比例都有票价越低收取比例越高的惯例。

实操训练：当购买六折往返的杭州—成都经济舱（全价1 690元）机票，出票后客人要求退团，退票费损失为50%，请计算退票实际损失。

第二节　国内长线组团业务工作流程

一、工作流程

下面以定制旅行社产品的国内长线团队操作为例，其工作流程如图7－2所示。

二、操作步骤

1. 搜集信息

组团社计调人员需及时关注旅游市场变化、客源地市场竞争及旅游者需求、旅游目的地旅游资讯、服务供应商等信息。

2. 规划行程

（1）编排行程时应明确游览天数、预计人数、出发时间、旅游景点、住宿及交通标准等相关信息。

（2）应及时搜集交通信息，综合考虑团队的情况及出票率等因素，编排旅游行程，

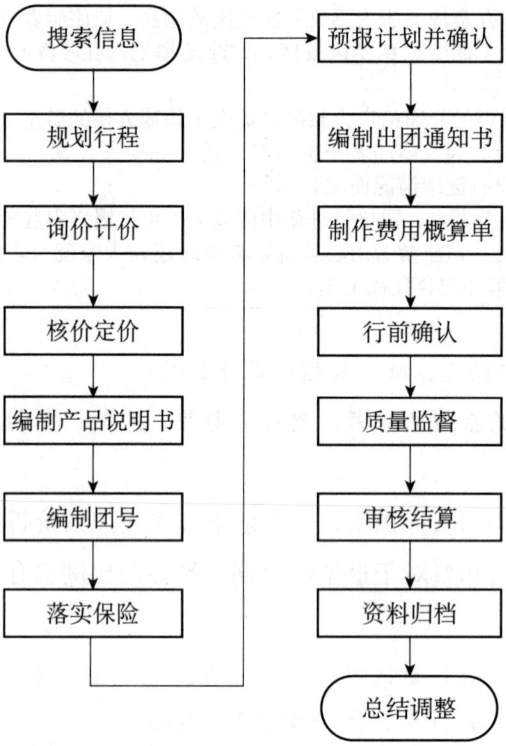

图 7-2　国内长线组团业务工作流程图

选配合适的大交通。

3. 询价计价

（1）向服务供应商进行询价，按照费用包含的项目分项计价。

（2）若该团有全陪导游，一定要与供应商沟通全陪导游的费用项目，计价时勿遗漏全陪费用分摊。

4. 核价定价

（1）计价后须由第二人核价。

（2）核准后进行产品定价。

5. 编制产品说明书

（1）编制旅游产品说明书。

（2）组团社须与旅游者签订规范的旅游合同。如果有事宜无法在旅游合同里体现，应签订补充协议。

6. 编制团号

根据公司规则编制团号，列入发团计划。

7. 落实保险

在旅游合同中，有提示旅游者购买人身意外伤害保险，旅游者须填写同意或者不同意委托旅行社代办人身意外伤害保险。如果旅游者需要旅行社代为购买，应确保在出发前生效。

8. 预报计划并确认

（1）应在公司已经签订合作协议的服务供应商中选择合作单位。

（2）提前向确定合作的服务供应商预报接待计划，以保证其落实安排接待计划的时间。预报内容应包括：预计人数、抵离日期、行程安排、食宿要求、交通工具的车次或航班、当地交通要求、其他需要告知的事项。

（3）行程确认之后应向服务供应商发送接待计划确认件，接待计划确认件上除了明确服务标准、内容外，还应明确付款方式及期限，并在旅游者出发前双方签字盖章确认。

（4）接待计划确认件经双方盖章确认后如发生变更，应及时调整，发送变更单并书面确认。

9. 编制出团通知书

出团通知书作为合同补充协议，是旅游者出行的详细说明，须列明产品说明书中尚未明确的要素。例如：对没有全陪导游的旅游者，须告知其旅游目的地的具体接洽办法、组团社负责人的联系电话等。

10. 制作费用概算单

（1）按照与服务供应商签署的接待计划，起草团队费用概算单，核算团队大致利润。

（2）需要提前支付或导游需要携带现金的费用要提前通知财务。

（3）如有全陪，制作导游派团单，打印行程单。

11. 行前确认

在团队出发前 24 小时内，计调人员应对行程计划进行再次确认，以防出现疏忽或遗漏。

12. 质量监督

（1）应 24 小时监控旅游行程中的游览情况，监督服务供应商按照旅游计划完成接待任务。

（2）督促服务供应商及时处理旅游者的不满和投诉。

（3）团队旅游途中若行程内容服务标准与协议有变更，须要求导游与旅游者签订变更协议。

（4）当旅游途中发生意外或遭遇不可抗力事件时，应及时上报，通知相关单位及部门。

13. 审核结算

（1）应在公司规定的时间内，审核导游（领队）带团结算单及相关票据，按照公司制度审核报账。

（2）须根据与服务供应商签订的接待计划逐项审核并确认实际发生款项。

（3）核算服务供应商费用明细提交财务部，按照协议日期及时付款。

（4）制作团队成本清单，提交财务部审核并存档。

14. 资料归档

（1）整理所有原始资料，按一团一卷归档，卷面注明团号和旅游时间。卷宗内应归集计价、报价、预订、确认接待计划及变更的往来确认函等完整的业务资料。

（2）原始资料应保存2年，业务数据应保存3年，结算数据宜长期保存。可能发生投诉、诉讼纠纷的相关业务资料，视纠纷处理需要保存更长时间。

15. 总结调整

（1）应及时关注旅游者对旅行社产品的反馈情况，并根据反馈结果对旅行社产品进行分析和优化。

（2）建立旅游者针对服务供应商的投诉记录制度，并对投诉记录内容进行分析、统计。

（3）定期对服务供应商进行评估和调整，保持旅游服务质量持续改善。

思考及练习

1. 组团社与地接社的关系是怎样的？

2. 作为与旅游者签订合同的组团社，在选择地接社的时候有哪些注意事项？

3. 国内机票的价格由几部分构成？如果购买了特价机票，退票损失为100%，还需要办理退票手续吗？

第八章 出境业务实操

出境业务是组团社组织的，以团队旅游的方式，前往中国公布的旅游目的地国家或地区的旅行游览活动。

第一节 任务导入及分解

一、任务导入

由于出境业务牵扯签证办理、环节较多等因素，因此操作时间跨度大。这不，离春节还有 2 个月，作为出境批发商的泰国线计调人员小王就要着手准备春节计划了。他是如何工作的呢？

二、任务分解

1. 旅游批发商、组团社、地接社的关系是什么样的？

组团社是与旅游者订立包价旅游合同的旅行社。旅游批发商可以是组团社，也可以是纯批发商，主要精力用在制作产品上，发展一条或几条主线产品，具体负责签证、机票、派领队、行程落实、出境名单的制作等。大多中小型旅行社作为组团社，主要销售旅行产品、维护客户。地接社是接受组团社或批发商的委托，在目的地接待旅游者的旅行社。

实操训练： 寻找本地的批发商、组团社、地接社的代表旅行社。

2. 如果你作为泰国专线计调人员，你在选择泰国地接社时要考虑哪些因素？

应选择在目的地国家（地区）旅游部门指定或推荐的名单内、公司采购的、有合法资质的旅行社。例如：日本旅游业协会（JATA）启动的地接旅游公司品质认证制度，组建由律师和专家等第三方人士参加的事务局，在遵守法律法规、企业社会责任（CSR）、旅游商品的品质管理以及访日旅游者支持体制等项目上进行审查，符合标准的旅游公司才会获得认证。

实操训练： 查询泰国旅行社行业协会公布的，作为现阶段中国旅行团指定服务商的“泰国政府制定接待中国旅游团队旅行社名单”。

3. 出境计调人员平时需要注意搜集哪些信息?

出境计调人员不仅要了解客源地旅游者的定位及需求，还需要掌握目的地旅游资源、目的地国家（地区）入境旅游政策、签证材料要求、汇率变动、实时资讯等情况。

实操训练： 搜集泰国主要旅游资源。如果你想去泰国，你想怎么玩? 寻找相关旅行社产品或旅游攻略。

4. 专线计调人员如何与境外代理商合作?

（1）寻找代理商。可以通过同业拜访或当地观光局的引介，也可以通过专业期刊、网站，找到合适的境外代理商。

（2）询价。把行程内容传真给境外代理商进行报价，如果代理商为外籍公司，报价时行程中的细节要特别注意，因为英文用词的不当往往会造成报价的差异。

（3）比价。比较价格是一门相当重要的学问，也相当令人困扰，为了客观起见，通常希望能在相同标准中来做比较。因此往往会要求代理商详细列出所提供服务的酒店名单、用车公司、用餐内容、行程中包含门票的景点等细节，以期能甄选出一个物美价廉的代理商。

5. 在客源地与旅游目的地有时差的情况下，机票上的起飞与抵达时间如何表示?

出境旅游目的地较为分散，出现时差在所难免，机票上的起飞与抵达时间均以当地时间为准。

6. 出境机票价格是如何计算的?

旅游批发商拿的国际机票团队票一般都是含税的，要注意国际机票中儿童票的价格。至于在某些网站上购买的特价票，要注意票价是否含税。

实操训练： 查询中国国际航空公司官网、春秋航空公司官网、携程旅行网上飞往泰国曼谷的成人机票，比较价格、包含项目、里程时间等，注意中转航班的行李是否直达。

7. 你能看懂机场代码吗?

机场三字代码是由国际航空运输协会（International Air Transport Association，IATA）规定、用于代表全世界大多数机场的代码。它由 3 个英文大写字母组成并最常出现在登机证及行李牌上。正式航空刊物里使用的是国际民航组织机场代码（ICAO Airport Code），是国际民航组织为世界上所有机场制定的识别代码，由 4 个英文大写字母组成。

实操训练： 查询泰国廊曼机场、索万那普机场的三字代码，并查询两个机场的间隔距离、交通时间。

8. 办理泰国旅游签证有哪些注意事项?

签证是目的地政府机关依照本国法律规定，为申请入出或通过本国的外国人颁发的一种许可证明。各个国家（地区）对中国旅游者以旅游为目的的签证材料和签证形式的要求各不相同，下面以泰国签证举例：

（1）若旅行社提前办理贴纸签证，需要准备有效期不少于6个月的护照、一张两寸白底免冠照。若有儿童随行，要出示相关证明（居民户口簿、出生证明或结婚证复印件）。一般提前10个工作日即可。

（2）落地签在泰国主要的国际机场都可以办理，下了飞机在有“VISA on Arrival”标志的柜台领取表格进行填写，然后排队交表并缴费，等待叫号取护照，再进行护照查验，取行李，出机场。

（3）部分陆路口岸实施落地签，如昆曼公路的清孔口岸。但由于中国与泰国没有陆地接壤，所以经由陆路前往泰国还需持有第三国签证。

实操训练：请你以旅游者的身份填写泰国入境申请表和入出境卡。

9. 收取客户签证材料时要注意什么？

各个旅游目的地国家（地区）对于办理签证所要求的材料是不一样的。护照、照片是必备的，有的要填写签证申请表，提供财产证明、在职证明等。护照必须有6个月以上的有效期（有的要求是回国还有6个月有效期）、干净无破损、有空白签证页等。另外，护照的签发地如果不是苏浙沪皖地区的，在华东地区送签还需要提供居住证或暂住证原件。表8-1是办理法国签证的材料要求。

表8-1　　法国签证材料要求

序号	名称	说明
1	护照 （注：旧护照要提供）	非新版芯片护照，最后页需亲笔签名。 护照有效期须在此次旅行结束回国后仍有3个月，须有2页空白签证页。
2	照片	1）尺寸为35毫米×45毫米、2寸、白色背景、免冠照片，每个签证须有2张。 2）须近半年内拍摄，在背面用铅笔写好名字。 3）勿佩戴粗框眼镜或有色眼镜。
3	欧洲出境旅游申请表	务必认真填写此表，因要帮助填写官方英文表格。
4	居民户口簿	1）全本居民户口簿复印件。 2）如夫妻不在同一居民户口簿，则须提供2本。 3）无法提供居民户口簿的，可提供所在地派出所出具的户籍证明原件或常住人口登记表复印件。
5	身份证	双面复印件。
6	资金证明	1）对账单交易记录越多越好，可同时提供多张对账单。 2）养老金或其他固定收入证明。 3）提供近6个月的银行对账单。 4）对账单的余额不低于10 000元。

续前表

序号	名称	说明
7	（在职人员）工作证明	1）工作证明信，负责人签字（中文）并盖公章，须用工作公司抬头纸张。内容包括： A. 申请人姓名、护照号、职位、月薪、工作年限，具体的行程或准假日期。 B. 所在公司的地址、电话。 C. 注明此次旅行的出资方；担保申请人在旅行期间保证遵守当地法律；担保在此次旅行期间公司仍保留其职位并归国后留任。 D. 签署人的姓名及职位。 在职证明均须用英文、电子版打印，如无法用英文书写，则提供公司空白抬头纸，由负责人签字并盖公章。 2）退休人员提供退休证明。 3）学生提供学生证及准假信。
8	（在职人员）营业执照或组织机构代码证	1）须在其复印件上盖公司红章。 2）有效期须晚于欧洲返回时间。
9	资产证明（辅助材料帮助提高出签率）	1）房产证复印件。 2）车产证复印件。
10	结、离婚证	复印件（已婚/离婚人士提供）
11	未就业的成人	1）已婚的无业人员：提供配偶的在职证明和担保及银行对账单，以及结婚证复印件。 2）未婚的无业人员：提供父母的在职证明及银行对账单。 3）自由职业者：提供房产租赁合同、股票交易记录单等，可作为其收入来源的证明。
12	暂住证（在上海领区内居住外来人员适用）	需在半年前办理。

实操训练：查询居住证、暂住证的相关信息，如样本、颁发部门、有效期规定等。

10. *旅游者出境旅游前需要召开说明会，内容有哪些？*

出境说明会有的是提前召开，有的是在机场召开，由计调人员或领队或销售人员等组织召开。主要内容是让旅游者了解旅游目的地的信息，告知旅游者遵守旅游目的地法律、民俗，遵守我国旅游相关法律法规，提醒旅游安全事项等。

实操训练：阅读《旅行社行前说明服务规范》（LB/T 040—2015），说说领队召开说明会应有哪些内容。

11. *专线计调人员在编排团期时要注意什么？*

专线计调人员需根据市场预测、服务供应商的资源掌控情况（特别注意机票）等信息，编排发团日期、最低成团人数、人数上限等。

实操训练：查询一家旅行社下个月的泰国线团期及相关报名要求。

第二节　专线计调出境业务工作流程

一、工作流程

下面以专线计调的出境业务操作为例，其工作流程如图 8－1 所示。

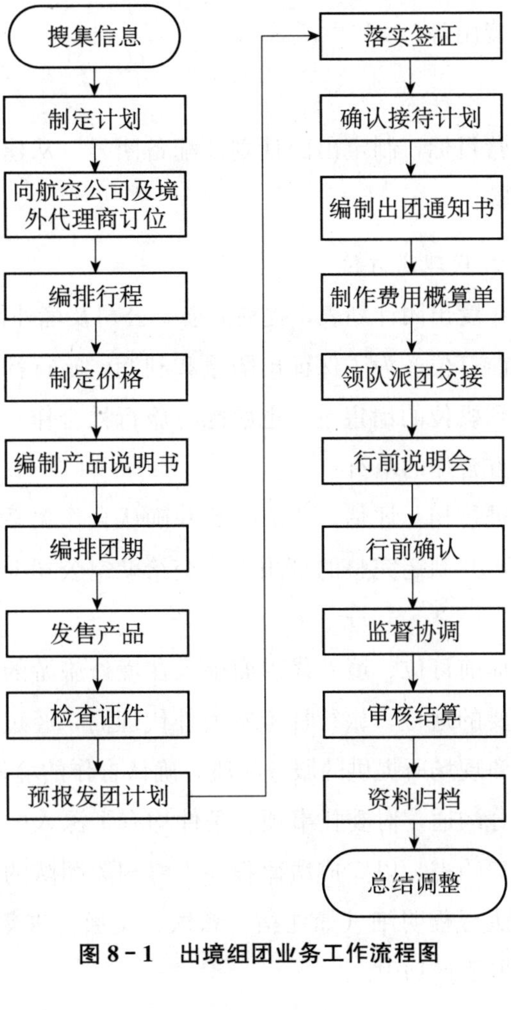

图 8－1　出境组团业务工作流程图

二、操作步骤

1. 搜集信息

(1) 了解旅游者定位及需求，搜集旅游资源点、服务供应商的信息。

（2）关注我国出境旅游政策、安全提示、目的地国家（地区）入境旅游政策、汇率变动、旅游目的地实时资讯等情况。

（3）出境计调人员应根据旅游目的地国家（地区）的签证要求、旅游者证件类型、出游目的等，明确以下事项：能否办理签证；可以办理何种签证；签证办理的时间限制；签证所需的材料；签证申请程序等。

（4）出境计调人员应掌握签证材料的信息有：签发地点、护照（不同国籍、发照地、有效期、空白页数、干净度等）、照片（近照、大小、张数、背景、色彩等）、申请表格要求、工作天数、签证费用等。

2. 制定计划

根据公司的年度经营目标，制定出团计划并配备团号。从建档到资料归档均在团号下进行，便于管理和追踪。

3. 向航空公司及境外代理商订位

出境计调人员根据年度出团计划表，提前向航空公司及境外代理商订位。

（1）向航空公司提前订位。为了保证出团量和利润，旅行社获得航空公司的支持必不可少；航空公司考虑到机位的销售量，也愿意与旅行社合作。在旅游业季节性的前提下，保证供需关系是双方合作的基石。

旅行社与航空公司进行相互评估，达成一致并确认合作关系。旅行社应在规定的时期内提出年度订位要求，并制定完整的订团表提交给航空公司业务部。后续根据团队的人数等再做机位确认。

（2）向境外代理商提前订位。境外代理商提供在境外旅游的所有地面相关服务，在团队作业中占据相当重要的地位。旅行社考察境外代理商，经过询价、比价后，有必要的话亲自前往了解代理商现场所提供的服务品质，确认合作的境外代理商。

经与境外代理商充分沟通，对委托事项、条件均有了深入的了解后，旅行社提出年度订团计划并订立委托契约书，以完成法律程序。将相关团队的出发团期（即航空公司年度订位表副本）及团队行程明细（如住宿、餐饮、交通标准等）与境外代理商确认，并将订位情况归入公司发团计划中。

4. 编排行程

（1）应根据市场情况设计或选择预制旅行社产品。

（2）应明确游览天数、预计人数、出发时间、费用预算、住宿及交通标准等相关信息。

（3）应及时搜集交通信息，综合考虑团队的情况及出票率等因素，编排旅游行程，选配合适的大交通。

5. 制定价格

（1）按照费用包含的项目分项计价。出境游产品计价注意境外结算币种和汇率，签证费、领队的分摊、说明会物料等费用。

（2）计价后须由第二人核价。

（3）根据市场情况给产品定价，并制定各渠道结算价格。

6. 编制产品说明书

出境产品说明书应明确旅游证件及签证材料要求。

7. 编排团期

应根据市场预测、服务供应商的资源掌控情况（特别是机票）等因素，编排发团日期、最低成团人数、人数上限等。

8. 发售产品

联合公司相关部门，根据不同的销售渠道，制定相应的销售文案，将产品推送上架。

9. 检查证件

（1）与旅游者确认行程后，可先预报名，签署协议。

（2）应仔细检查旅游者的出境证件是否完好，有无破损、涂改等情况，检查证件的签发日期、到期日期、签发地等相关信息。

（3）应认真审核旅游者提供的签证材料是否符合旅游目的地和我国出入境管理的要求。若材料齐全，及时安排送签。

（4）签订材料交接应做好记录并保存。

10. 预报发团计划

（1）应在已经签订合作协议的服务供应商中选择合作单位。

（2）应提前向确定合作的服务供应商预报接待计划，以保证其落实安排接待计划的时间。预报内容应包括：预计人数、抵离日期及口岸（出入境的时间均以当地时间为准）、行程安排、食宿要求、交通工具的车次或航班、当地交通要求、其他需要告知的事项等。

11. 落实签证

出境计调人员应持续跟踪并查询签证结果，对已经出签的旅游者证件须及时核对信息。

12. 确认接待计划

（1）行程确认之后应向服务供应商发送接待计划确认件，在旅游者出发前双方应盖章确认。

（2）接待计划确认件双方盖章确认后如发生变更，应及时调整，发送变更单并书面确认。

13. 编制出团通知书

出团通知书作为合同补充协议，是旅游者出行的详细说明，除列明产品说明书中尚未明确的要素外，还要对旅游者的出境旅行加以提醒，如具体的航班、目的地流通货币、气候温度、电源类型等。

14. 制作费用概算单

（1）按照与服务供应商签署的接待计划起草团队费用概算单，核算团队大致利润。

（2）需要提前支付费用或需要携带现金，要提前通知财务。

15. 领队派团交接

（1）制作领队派团单，打印电子行程单。

（2）选择领队服务应符合《旅行社出境旅游服务规范》（LB/T 005—2011）第 5.4 条的要求。

（3）出境计调人员在成团前须确认领队证件信息是否有效，确认后将领队及旅游者信息录入全国旅游团队服务管理系统。

（4）接待计划落实后，计调人员与领队要做好物品交接记录。交接内容有：派团单、旅游者名单、分房表、旅游者特殊需求等，必要时还要交接旅游证件、出入境表、另纸签证等其他相关材料。

16. 行前说明会

行前说明会应使旅游者了解旅游目的地的信息，告知旅游者遵守旅游目的地法律、民俗，遵守我国旅游相关法律与规定，提醒旅游安全事项等。行前说明会应符合《旅行社行前说明服务规范》（LB/T 040—2015）要求。

17. 行前确认

在团队出发前 24 小时内，计调人员应对行程计划进行再次确认，以防出现疏忽和遗漏。

18. 监督协调

（1）应 24 小时监控旅游行程中的游览情况，监督服务供应商按照旅游计划完成接待任务。

（2）督促服务供应商及时处理旅游者的不满和投诉，协调领队处理遇到的各类突发事件。

（3）团队旅游途中若行程内容、服务标准与协议有变更，须要求领队与旅游者签订变更协议。

（4）当旅游途中发生意外或遭遇不可抗力事件时，应及时上报，并通知相关单位及部门。

19. 审核结算

（1）应在公司规定的时间内，审核领队带团结算单及相关票据，按照公司制度审核报账。

（2）须根据与服务供应商签订的接待计划，逐项审核并确认实际发生款项。

（3）核算服务供应商费用明细并提交财务部，按照协议日期及时结算，回收账款。

（4）制作团队成本清单，提交财务部审核并存档。

20. 资料归档

（1）整理所有原始资料，应归集合同、预订、确认接待计划及变更的往来确认函等完整的业务资料。按一团一卷归档，卷面注明团号和旅游时间。

（2）原始资料应保存 2 年，业务数据保存 3 年，结算数据宜长期保存。可能发生投诉、诉讼纠纷的相关业务资料，视纠纷处理需要保存更长时间。

21. 总结调整

（1）应及时关注旅游者对旅行社产品的质量反馈情况，并根据反馈结果对旅行社产品进行分析和优化。

（2）建立旅游者针对服务供应商的投诉记录制度，并对投诉记录内容进行分析、统计。

（3）定期对服务供应商进行评估和调整，保持旅游服务质量持续改善。

思考及练习

1. 组团社与境外批发商、地接社的关系是怎样的？

2. 作为专线计调人员，在选择境外地接社的时候有哪些注意事项？

3. 出境机票的价格由哪几部分构成？

4. 收取客户签证材料时要注意什么？

第三篇 规范提升

情境三：

小张掌握了一定的旅游业基础知识后，了解了计调的工作流程，可以在计调部上岗了。但是，如果想提升综合工作能力，还需要掌握计调业务的相关规范。

第九章 服务供应商合作规范

服务供应商是指与旅行社签订合作合同，受旅行社委托向旅游者提供旅游具体服务的企业或履行辅助人，包括但不限于接待旅行社、旅游景区（点）、酒店、餐馆、商店、铁路、汽车公司、船运公司、航空公司等相关接待单位或个人。

服务供应商主要负责为旅游者提供食、住、行、游、购、娱等基础性产品或服务，服务供应商的好坏关系着旅行社产品的品质与旅行社自身的商业信誉。旅行社必须选择有品质的服务供应商，签订协议采购基础性产品或服务，以保证对旅游者的服务质量。旅行社与服务供应商之间不仅是合作伙伴关系，更是利益共享、风险共担的双赢或多赢的共同体。

第一节 采购基本要求

一、考察要求

初次筛选服务供应商时应进行全方位的考察。考察的内容应包括：

（1）是否具有合法的资质和许可；

（2）经营业绩及信誉是否良好；

（3）经营理念与发展规模是否相匹配；

（4）管理人员素质及工作人员业务操作能力能否满足服务品质要求；

（5）旅游接待资源的掌控能力能否满足旅游服务采购计划要求。

二、数量要求

在一个地区，每年度宜选择数家不同类型的服务供应商，以便对质量和价格进行比较。

三、资质要求

（1）旅行社应对服务供应商进行审核，依照信息的完整性、规范性、有效性、合理性进行审查。

（2）旅行社应要求服务供应商提供经营许可证、营业执照副本复印件、当年度保险合同等资料。

（3）选择经营高空、高速、水上、潜水、探险等高风险项目的供应商时，应要求其提供按照国家有关规定取得的经营许可证明。

（4）选择的服务供应商应符合相关行业规范要求，例如：

1）餐厅：

① 餐厅应具备人员健康证、卫生许可证、工商营业执照等，通过环保、消防等部门检查。

② 符合《饭馆（餐厅）卫生标准》（GB/T 16153—1996）。

2）住宿：

① 酒店应具备住宿企业营业执照，符合《旅游酒店星级的划分与评定》（GB/T 14308—2010）的规定。

② 应具有必要的设施设备和安全保卫措施，以保障旅游者的人身财产安全。

3）车辆：

① 应具有客运经营资质，保证客运手续、保险手续齐全。

② 国内旅游车辆应符合《旅游客车设施与服务规范》（GB/T 26359—2010）的要求。

③ 应在车辆显著位置明示道路旅游者客运专用标识，在车厢内显著位置公示经营者和驾驶人信息、道路运输管理机构监督电话、安全提示等事项。

4）机票代理业务商：

应具备机票代理业务资质。

5）境外接待社：

应在目的地国家（地区）旅游部门指定或推荐的名单内。

四、考量指标

1. 质量品质

由于各国、各地国情、物资供应、质量标准的状况不同，因此质量品质会有所差异。例如：韩国的 5 花酒店相当于国内 4 星级酒店的标准。旅行社只通过领队或全陪导游来监控的话，往往比较被动。因此，计调人员在签订合约时要询问清楚，标注在合作协议中，以防出现纠纷。

2. 专业程度

旅游市场的发展促使旅游活动的类型和目的出现多种差异，供应商掌控的资源和人才储备影响质量品质的专业性，有的供应商擅长接待高档团，有的供应商擅长接待平价观光团，有的供应商专门接待文化艺术团或学术交流团。因此，计调人员在选择供应商时，要考虑其专业程度。

3. 服务水平

旅游服务一环扣一环，一件小事情都有可能产生大问题。例如：近些年欧洲旅行社供应商为了降低成本，聘用年轻的中国留学生做导游，聘用薪资较低的南斯拉夫籍人做司机，出现了掌控能力和讲解技能不足、司机不熟悉地形在巴黎街头找不到餐厅的现象。

4. 成本利益

旅行社计调人员在选择供应商时容易选择价格较低者合作，想用低成本实现较低的销售价格或创造更高的利润。而真正有经验的计调人员会综合考虑各种因素来选择合适的供应商。

第二节　签订合同要求

旅行社与服务供应商建立业务关系时，应按照有关法律规范订立书面的服务合同，作为旅行社向服务供应商采购服务的依据，其也是约束双方的具有法律效应的文书。大多数服务合同的有效期为 1 年，明确双方权责等事宜。至于零散的具体采购，常常以传真件的形式作为合同的补充协议。

一、合同内容要求

内容须符合《中华人民共和国合同法》的要求，至少要包括：

（1）双方规范名称、住所；

（2）双方的联系人及联系方式；

（3）提供的服务项目、标准及价格；

（4）付款方式、币种和期限；

（5）突发情况和服务质量、安全事故的处理流程；

（6）解除或变更合同的条件和通知的期限；

（7）免责条款；

（8）违约责任和解决争议的方法；

（9）生效和终止时间；

（10）法定代表人（或授权人）签字并加盖公章。

二、旅游服务采购合同示例

表 9-1　　旅游服务采购合同示例

国内旅游委托接待合同

组团社：

地接社：

为发展共同事业，保证旅行团的服务质量，维护旅游者及合作方的正当权益，本着平等互利、诚实信用的原则，就组团社、地接社的权利义务及业务开展事宜达成如下协议：

第一条　合同构成

下列内容作为本合同的有效组成部分，与本合同具有同等法律效力：

1. 接待计划书；
2. 双方业务往来确认书；
3. 双方就未尽事宜达成的补充协议；
4. 财务确认及结算单据；
5. 其他约定：________________

第二条　合同当事人

1. 组团社和地接社是依照中华人民共和国法律法规设立的旅行社或分社，依法取得旅行社业务资质，且在合同有效期内双方资质有效存续。

2. 双方均应于签订合同前向对方提供营业执照、业务经营许可证（分社备案登记证明）、旅行社责任保险单、安全管理制度、突发事件处理预案等文书复印件并加盖印章。如上述信息发生变更，变更一方应于变更之日起七日内书面通知对方并提供更新后的材料。

第三条　接待计划书订立

组团社可以通过电话、传真、电子邮件等方式与地接社洽谈接待相关事宜，在此过程中双方最终达成一致的事项，应形成接待计划书，并由双方签字盖章确认。

接待计划书应明确以下内容：

1. 旅游者人数及名单；
2. 接待费用；
3. 抵离时间、航班、车次；
4. 交通、住宿、餐饮等旅游服务安排和标准；
5. 游览、娱乐等项目的具体内容和时间；
6. 自由活动时间安排和次数；
7. 与旅游者协商一致的购物场所名称、购物次数和时间；
8. 与旅游者协商一致的另行付费旅游项目名称和价格；
9. 对导游的要求；
10. 其他：________________

第四条　接待计划书变更

1. 接待计划书一经确认，单方不得擅自变更。

2. 出团前如遇不可抗力、意外事件或其他原因确需变更的，经协商一致，就变更后的内容由双方签字盖章确认。紧急情况下，双方可通过电话、传真、电子邮件等方式进行协商，但应在紧急情况消失之日起 3 日内由双方签字盖章确认。

3. 除法律法规规定外，出团后接待计划书不得变更。

第五条　接待服务要求

地接社接待服务应符合：

1.《中华人民共和国旅游法》《旅行社条例》《导游人员管理条例》《旅行社服务质量赔偿标准》等法律法规的要求；

2. 双方约定的接待服务标准；

3. 相关的国家标准和行业标准。

第六条 业务操作规程

1. 地接社定期以书面形式向组团社提供旅游路线及其相应服务、报价、注意事项等，并保证给予组团社的各条旅游路线的结算价不高于地接社发给任何一家组团（代理）社的价格。

2. 组团社将旅游业务委托给地接社负责安排接待时，应明确要求地接社所提供服务的内容。地接社应在接到组团社委托件后的24小时内予以回执确认。在回执确认件中，应包含地接社操作人员及导游的姓名、联系方式、对行程调整的建议及费用预算报价等，并说明有效时间。组团社一经确认报价，将以地接社的报价和接待标准作为与地接社结算的依据，如发生价格变动，组团社将不承担上涨部分的费用。

3. 组团社应在每次发团2个工作日前（特殊团队另行协商确认时间），以书面形式向地接社提供下列资料：旅游者人数及名单、航班号或者车次、住宿酒店要求、当地用车及用餐要求、景点游览要求等。如委托地接社代订机票的，组团社应提供旅游者准确的姓名和证件号码。地接社收到上述团队资料后，应认真操作，严格按照组团社要求执行。

4. 组团社、地接社所有的业务往来均应经对方（包括授权签名人）确认，双方确认的方式可以是信件、传真件、E-mail、QQ等电子邮件记录：

（1）组团社

传真号：____________________

E-mail：____________________

QQ：____________________

授权签名人：____________________

（2）地接社

传真号：____________________

E-mail：____________________

QQ：____________________

授权签名人：____________________

第七条 合同权利义务

1. 组团社权利义务

（1）组团社有权要求地接社严格按照双方确定的具体行程安排及标准接待旅行团，并对服务内容和质量、旅游者的人身和财产安全进行全程的质量监督。

（2）在出团前，组团社有权获悉地接社全程接待安排的房、车、餐、导游、景点等具体情况，以便向旅行团、旅游者通报。

（3）地接社随意改变旅游计划，造成组团社旅行团过半数旅游者投诉，组团社有权当场解除该业务委托合同；给组团社造成损失的，地接社应承担赔偿责任。

（4）组团社应按约定的时限、数额支付接待费用。

（5）组团社有义务协助、配合地接社共同解决旅游行程中可能出现的突发事件，组团社全陪导游应全程监督，拒绝地陪导游、司机安排的非行程内的自费活动与购物。

（6）组团社有义务向旅游者提示旅游目的地有关法律法规、风俗习惯及与国内游有关的注意事项等。

2. 地接社权利义务

（1）地接社应保证向组团社提供真实的操作成本，不得出现零/负团费，并以书面的形式分解报价给组团社，分解报价须包含门票、车费、住宿费、餐费、导游服务费，以及所必需的其他费用项目。

（2）地接社应严格按照双方约定安排旅游行程、旅游景点、服务项目等，不得因与组团社团款等纠纷擅自中止旅游服务。

(3) 未经组团社书面同意，地接社不得以任何方式将组团社组织的旅游者与其他旅游者合并接待，或者转交任何第三方接待。

(4) 地接社如需变更合同约定的计划及行程，或者旅游者提出增加、减少景点要求的，必须事先征得组团社和全体旅游者一致书面同意，否则，因变更一方原因而造成损失的，由变更方承担责任。

(5) 地接社应选择具有相应经营资质和接待能力的旅游辅助服务者，建立健全安全管理制度，确保使用安全的服务设备和设施，采取防止危害发生的必要措施，保障旅游者的人身及财产安全。如因地接社或者地接社委托的旅游辅助服务者故意、过失等原因造成旅游者人身安全及财产损失，地接社应就地及时解决，并承担赔偿责任。如不属于地接社责任，亦应尽人道主义义务协助处理。

(6) 地接社有义务使组团社及旅游者知晓旅游目的地有关法律法规、民风民俗、有关规定及注意事项。

(7) 地接社应积极配合组团社做好接待服务质量测评工作，按约定通报团队动态和反馈接待服务质量信息。

服务质量测评方式及达标标准双方约定：见《国内旅游团队委托接待工作规范》。

第八条　财务结算

1. 双方同意选择下列第________种付款方式：

(1) 组团社应在发团日前________日，将全部旅游费用的________%预付给地接社，余款在旅游结束后________日内结清。

(2) 旅行团出发前，地接社将计划预算单传真给组团社，在旅游行程全部结束后一周内，地接社将结算账单以传真形式送达组团社经办人。组团社收到结算账单后，经核实无异议，于________日内将团款汇至地接社银行账户。

(3) 双方确认，地接社于每月________日向组团社提供上月团款及结算金额，组团社收到并确认无误后于每月________日前向地接社汇付全部款项。地接社提供的组团社上月团款及结算金额以组团社授权签名人签署确认的接待计划书、团队结算单等为依据。

2. 财务结算以旅游者意见反馈书、接待计划书、团队结算单、税务局监制的发票及相关其他凭证为准。

3. 旅行团款以人民币结算，双方可根据合作的具体情况修改结算方式。

地接社开户名称：____

开户行：____

银行账号：____

第九条　风险防范

1. 组团社和地接社均应按法律法规规定足额投保旅行社责任保险。

2. 组团社应提示其组织的旅游者购买人身意外伤害保险。

3. 地接社为组团社组织的旅游者安排的车辆及司机必须具备合法有效资质，地接社选择的客运经营者应已购买承运人责任保险，且保险金额不低于________万元。

4. 组团社和地接社均应维护旅游者的安全，对于可能危及旅游者人身及财产安全的事项，应做出真实的说明和明确的警示，并采取必要措施防止危害发生和扩大。

5. 地接社接待过程中，旅游者受到人身、财产损害的，地接社应采取救助措施并先行垫付必要费用，及时向组团社反馈信息，收集和保存相关证据。组团社和地接社在责任划分明确后30日内根据各自承担的责任进行结算，属于第三方责任的，地接社应协助旅游者索赔。

第十条　旅游纠纷处理

1. 旅游者在地接社接待过程中提出投诉的，地接社应尽力在当地及时解决并将处理情况书面通知组团社，未能在当地解决的，也应及时书面通知组团社。

2. 地接社应积极配合组团社处理旅游者投诉、仲裁、诉讼等服务质量纠纷，及时提供所需证据材料。因组团社原因导致行程延误、更改、取消等所造成的经济损失由组团社承担，地接社接待服务质量问题造成的经济损失由地接社承担。

3. 组团社和地接社应根据调查情况，划分各自应承担的赔偿责任，并于责任划分明确后 7 日内进行结算。地接社接待服务质量问题所产生的经济赔偿，组团社依照或参照如下标准做出赔偿后，地接社应在组团社提出追索请求并提供相关证明后 7 日内对组团社予以全额赔偿，组团社有权在旅游团款中直接予以抵扣或者扣除：

（1）依照组团社和旅游者于旅游合同中约定的赔偿标准；

（2）参照文化和旅游部制定的《旅行社服务质量赔偿标准》；

（3）依照法院、仲裁机构裁决所确定的数额标准。

4.《中华人民共和国旅游法》对以下 4 类违法行为加大了打击力度：

（1）未与旅游者协商一致，安排购物场所与另行付费旅游项目；

（2）在旅游行程中擅自变更旅游行程安排，严重损害旅游者权益；

（3）拒绝履行合同，如甩团；

（4）安排旅游者参观或者参与违反我国法律法规和社会公德的项目或者活动，如色情、赌博和涉毒场所。

鉴于此，因地接社违反《中华人民共和国旅游法》《中华人民共和国旅行社条例》等有关法律法规导致旅游者向组团社住所地旅游行政管理部门投诉，使组团社遭受行政处罚的，地接社应承担组团社全部损失（包括但不限于行政罚款、诉讼费、律师费、交通费等）。

5. 如发生诉讼或者仲裁，地接社应承担连带责任，并作为连带责任人与组团社一起应诉，组团社承担赔偿责任后，有权向地接社追偿。地接社对组团社的赔偿，包括但不限于组团社向旅游者支付的相关赔偿款、诉讼费，组团社行使追偿权支付的诉讼费、律师费、交通费，组团社为此减少的经济收入等。

第十一条　不可抗力

1. 因不可抗力等不可归责于合同任何一方的事由致使一方不能履行合同的，应根据影响程度，部分或全部免除责任，但迟延履行后发生不可抗力等不可归责于合同任何一方的事由的，不能免除责任。

2. 一方因不可抗力等不可归责于合同任何一方的事由不能履行合同的，应当及时通知另一方，并在合理期限内提供证明。紧急情况下，一方应采取合理适当措施防止损失扩大。

3. 因不可抗力等不可归责于合同任何一方的事由导致行程延滞，组团社和地接社应及时与旅游者协商、调整行程，所增加的费用，同意旅游者不承担的部分由组团社和地接社协商承担。

第十二条　保密条款

在业务往来中获得对方或者对方客户的信息均应视为保密信息（不包含可以从公共渠道获得的信息），双方均应承担对本合同及相关信息的保密义务，无论任何原因或者目的均不得向第三者泄露。本合同终止后，本保密条款继续有效。

第十三条　旅游保险事故报案

1. 旅游保险（包括旅行社责任保险和旅游意外保险）事故发生后，如果该旅行团组团社没有派出全陪导游或者全陪导游亦发生人身意外，地接社应第一时间通知组团社；在无法通知的情况下，地接社应按照组团社下列提示，以组团社名义及时完成保险报案手续：

旅行社责任保险报案电话：　　　　　　　（发生保险事故后的 48 小时以内）

旅游意外保险报案电话：　　　　　　　　（发生保险事故后的 48 小时以内）

2. 组团社旅游保险事故负责人、电话（办公室、住宅及移动手机）：

第十四条　其他约定

1. 为保证组团社旅游者在中国境内旅行期间的安全，地接社应出资为旅游者投保旅游意外保险。旅行团报价含此保险。

2. 本合同为旅游业务合作的原则性约定，具体团队接待单团单议，双方为组接团业务而往来的书面信件、传真件及 E-mail、QQ 等电子邮件作为本合同不可分割的一部分，和合同一并具有同等法律效力。

3. 旅游团队具体接待服务标准及要求详见附件。

第十五条　纠纷处理

就本合同发生的纠纷、争论、不同意见或者违约，双方应当本着友好、公正的态度协商解决；协商不成，向组团社住所地人民法院提起诉讼。

第十六条　附则

1. 本合同自双方代表人签名并加盖公章之日起生效，本合同一式二份，双方各执一份，具有同等法律效力。

2. 本合同终止或者解除之日，双方的合同责任和义务尚未履行完毕的，并不因合同的终止或者解除而失效。

3. 本合同有效期自____年____月____日起至____年____月____日止。

组团社（盖章）：　　　　地接社（盖章）：
代表人（签名）：　　　　代表人（签名）：
经营范围：　　　　　　　经营范围：
经营许可证编号：　　　　经营许可证编号：
住所地：　　　　　　　　住所地：
签约日期：　　　　　　　签约日期：

附件：接待质量标准

接待质量标准（样稿）

组团社旅行团等级分别为定期普通团、特别关注团、VIP团，地接社在接待过程中对此应给予特别关注，并提供符合以下质量标准的服务：

一、酒店

1. 组团社旅行团以使用三星级以上酒店为主，具体酒店标准以组团社操作人员要求为准，地接社在组团社确认后进行团队操作，不可安排双方确认范围之外的酒店。

2. 酒店硬件设施应符合相应星级等级标准，所有设施应保持干净整洁、保养良好、运转正常。

3. 酒店位置应符合交通便利、治安良好的原则，使旅游者的商务活动和自由活动方便、安全。

4. 酒店的服务应热情周到，随时为旅游者的特殊要求提供有效的帮助。例如：组团社团队为特别关注团、VIP团时，酒店在客房内应放置欢迎卡、鲜花或者果篮，对此地接社和酒店应积极配合。

5. 如酒店有主楼、附楼之分，地接社应在报价时做特别说明。

二、餐饮

1. 就餐环境高雅、清洁干净，卫生间不能有污渍、异味。

2. 按餐费标准订餐，严禁克扣餐费、酒水，菜单按单团合同标准执行。

3. 满足旅游者特殊要求，如素食、穆斯林餐等。

4. 保证旅游者吃饱、吃好，如遇菜量不足或者口味严重不符，地接社导游应立即现场调整、解决，并避免以后再次发生。

5. 每桌最多安排10人。

三、交通车辆

1. 地接社须使用在交通部门注册登记的合法运营旅游车，应当为乘客投保意外伤害保险，严禁使用非法运营车辆（包括无牌黑车）。

2. 车厢内外须保持干净整洁，车内设施能正常使用，如电视、麦克风、空调、阅读灯、窗帘、座椅调节、卫生间设施等。

3. 车况良好，保证机械设施运转正常、有效。如出现意外，导致抛锚或者其他影响行程的事故，应迅速采取补救措施；因此造成的投诉、损失，应由地接社负责赔偿。

4. 车辆上座率控制在以下标准之内：普通团90%，特别关注团80%，VIP团70%。

5. 司机应经验丰富，安全驾驶记录良好，服务热情，熟悉行程内路线、路况。如遇未知地点、路线，地接社应提前查询，确保将旅游者及时、准确无误地送达目的地。

6. 按照组团社要求配备行李车。

四、地接社导游

1. 拥有导游执业证的中文普通话导游。

2. 经验丰富、熟悉旅游目的地的情况，特别是熟悉与旅游相关的情况，如交通、景点、酒店、餐厅、机场、车站、码头等。

3. 导游接机（站）时，应在机（车）抵达前到达机场（车站），按组团社要求举牌接机（站）。

4. 为旅游者提供向导、讲解及相关旅游服务，应做到热情、主动、周到，对经常发生或者可能预见的险情应及时提醒旅游者，确保旅游者安全。坚决杜绝一切安全隐患，避免旅游者投诉事件和安全事故的发生。

5. 导游接送旅行团和随团出席重要活动时，必须注意仪态、仪表，着装应整齐、简洁、大方、得体，女性化妆要适度。

6. 遇旅游者参加自行安排的商务活动及用餐时，导游应积极配合，为旅游者提供必要的帮助。

7. 导游应当向旅游者讲解旅游目的地的人文和自然情况，介绍风土人情和当地习俗，但不得迎合个别旅游者的低级趣味，在讲解中掺杂庸俗下流的内容。

8. 在带团过程中，导游应严格执行接待计划，严禁导游向旅游者索要小费。

五、购物店及自费项目安排

1. 地接社应严格执行接待计划内的购物及自费项目安排，在接待过程中严禁增加购物及自费项目次数，每次购物时间一般不得超过____分钟，严禁擅自延长购物时间。

2. 接待计划内的购物及自费项目安排，必须在旅游者自愿的原则下进行，并安顿好不参加自费活动的旅游者。

3. 地接社导游不得强迫或者诱导旅游者购物。如旅游者不愿意进购物店，导游不得以行程中已列明为由强迫旅游者进店。

4. 在地接社指定的商店内购物，如经专业机构鉴定，旅游者所购商品属于伪劣假冒或者质价不符的商品，地接社有责任随时退换并按照有关法律法规承担相应的责任。

5. 地接社应当向组团社提供购物店的具体名称、地点，原则上平均每天最多安排一个购物店。组团社旅行团如系无购物团，地接社不得安排进店消费。

第三节　选择要求

针对多个服务供应商，计调人员应根据不同路线的档次、路线安排、价格利润等需求，在公司的服务供应商资料库中进行选择，给不同的旅行社产品匹配较为合适的供应商。

一、住宿

一个地区一般有多个住宿地点可供选择，合适的住宿地点会使旅游者减少奔波，感觉舒适，提升旅途愉悦感。故找到适合的住宿地点是编排行程的重点，选择时可以从旅游景点距离、类型、价位、区位、利润这 5 个方面考虑。

1. 旅游景点距离

住宿以就近、顺路为原则。就旅游者的心态而言，旅游时间宝贵，尽量不要浪费多余的时间在行车路上，所以酒店的位置选择与旅游景点的安排有连带关系，尽量以邻近主要旅游景点或以顺路为原则。

2. 类型

根据客户喜好不同，选择最适合他们的酒店。例如：为冬天喜欢泡汤的旅游者安排温泉酒店，为注重酒店设施的旅游者安排设施齐全的度假村。有时，因为地区住宿资源有限而无从选择，所以在规划时要先与客户进行沟通或声明，加上规划者的专业建议与判断，方能达成美好的住宿体验。以现阶段来说，国内旅游较常安排的住宿类型有：

（1）高星级酒店。这类酒店档次较高、设备豪华、规模较大、房间数量多，有些是连锁品牌的酒店，适合注重品牌的旅游者入住。

（2）中档酒店。这类酒店规模中等，价位比较亲民。有些平价酒店虽然设施较少，但客房的整洁度与等级也有一定水准，适合注重舒适的旅游者入住。

（3）商务型酒店。这类酒店通常位于市区，虽然规模较小也无太多设施，但是交通方便，适合晚上喜欢出门逛街的旅游者入住。有些精致品位型酒店，客房等级也不低。

（4）度假酒店。这类酒店等级和价格都较高，设施齐全，一般距离市区较远，酒店周围配套设施也较少。适合较为悠闲的旅游者入住，搭配度假村推出的套装优惠，吃喝玩乐可以一站式解决。

（5）民宿。国内民宿业近几年蓬勃发展，各县市风景区都有许多独具风格的民宿。若安排民宿，必须考虑其合法性以及客房数是否足够。即使是同一家民宿，客房价位、风格、形态、房间、面积、装潢也会有很大差异，安排前一定要与客户沟通协调，以免到时发生争执。

3. 价位

价格决定利润，建议基于客户需求决定合适的酒店。若客户旅游预算高、喜爱有品牌的高级酒店，可安排知名度高的连锁酒店；有些价位中等的酒店，其环境与品质也不差，即使客户预算不高，也能找到性价比高的酒店。

4. 区位

究竟是安排市区的酒店还是郊区的酒店？这就要看旅游者的性质与酒店的特色了。在市区，夜晚外出活动比较方便，在郊区则能感受宁静的夜晚。因此，规划者应对各县市及风景旅游区的酒店有充足的了解，综合考虑各种因素，为旅游者做最适当的安排。

5. 利润

从开始的协助规划、张罗食宿到出团的全程服务，常需耗时数周到一个月，工作人员需要投入大量的心力，因此常常以利润为重要考量依据。但要注意的是，并非价位高的高档酒店就一定利润高，有时平价酒店带给旅行社的利润反而更高，再加上住宿日期与季节的不同，利润也有所不同。假设某地区 A 酒店临近夜市，夜市逛街方便，而同等级的 B 酒店位置较为偏远，但房内设施更好且每个房间的利润都比 A 酒店高出许多，旅行社通常使用各种方式来说服旅游者选择 B 酒店以增加利润。只要不损害旅游者权益，有好的住宿体验与品质当然更好，最好能让旅游者和旅行社双赢。

二、交通

在旅游行程中，交通分为大交通和当地交通两类。大交通是指旅游客源地到目的地的远距离交通，大多是航空、铁路等。当地交通是指承载行车任务的旅游客车，以大型游览车为主，均摊费用低，也最具经济效益。有些旅游地区因为道路的限制，禁止大型游览车进入，这一点在规划行程时必须掌握清楚。

1. 交通工具选择原则

旅游交通的选择主要从安全、舒适、便捷、经济 4 个方面考虑。

2. 各种类型交通工具选择注意事宜

（1）选择航空公司和票务代理公司时，要注意工作配合、付款方式及联络是否便捷，价格是否有竞争力，奖励退款制度、班次与机位能否满足需求等。有中转时注意时间衔接和各段航线航空公司的配合。

（2）选择铁路交通时，要注意出发时间与抵达时间、列车类型、铺座等级和票额等。

（3）旅游客车作为旅游过程中使用最多的交通工具，要注意车型车况、有无独立行李箱空间，这些都会对旅游者乘坐舒适度产生影响。

（4）较长距离的游程要注意交通工具的搭配使用，可以选择飞机去、高铁回。距离较远的岛屿不选择客轮而是搭飞机前往主要用意就是减少交通的时间，以增加景点与活动安排时间，让旅游者感到舒适与悠闲。

交通工具的选择也影响旅游成本，所以规划时要考虑旅游者的预算。

三、用餐

餐食安排所需考虑的内容有：

1. 区位

选择餐厅，以顺路作为首选标准，除非有强烈理由一定要专程前往某餐厅用餐，基本上不建议为了用餐而长途跋涉到不顺路的餐厅用餐。

2. 环境

环境是餐厅的门面，要考虑餐厅的卫生与舒适度，以免降低旅游品质。

3. 餐食内容

避免过于重复，注意菜色的变化。对当地多做了解，游程的几天中安排不同风味的菜色，搭配变换。也不用固定都要十人圆桌合菜，也可以安排风味餐、套餐、自助式料理、小火锅等。美好的餐食安排可以成为游程的重要特色。

4. 餐食自理的安排

餐食自理的好处是，旅游者不受限制，可以享受自由的乐趣，也能使旅行社降低报价。但需要注意的是，安排自理时，要确认该地有多种用餐选择，以免发生无餐可用的情况。例如：某国家公园旅游者中心餐饮部只供应点心与饮料，若中午时分让旅游者来此自理午餐，一定要提前告知，否则容易导致游客严重抱怨。

5. 餐费预算

很多游客对旅行团餐的评价是“只言吃得饱，吃好是奢望”，使旅游团餐成为国内旅游行业一大诟病。《中国旅游报》曾联合搜狐社区开展“旅游团餐”网络调查，调查显示，近80%的受访者对旅游团餐不满意，仅有15.25%的受访者表示不愿意为提高团餐质量而支付更多费用。

四、同业代理商

（一）规模与管理品质

选择同业代理商，要考虑其经营能力，在旅游资源和当地旅馆、航空公司及相关服务方面的议价能力，旅游者的调度能力，导游人员的数量等。选择境外代理商，还要衡量其中文导游的多寡、对国内游客和旅游市场的了解程度及适应度等。

（二）报价与服务品质

价格是吸引顾客的主要因素，也是企业生存、发展的基础。组团社选择代理商时，价格是比较重要的一个参照方面。特别是出境业务，在汇率不断变动的情况下，以何种币种来结算，付款的期限如何，能否提供利润共享制度等，都会影响旅行社利润。

服务品质是指顾客对服务的期望和顾客享受服务后感觉到的差距，即服务品质＝期望的服务－认知的服务。旅行社经营的最高目标是让顾客满意，使旅行社获利。客户感知服务的优劣会影响再次选择组团社的概率，故代理社的服务品质也是组团社考虑的重要条件。

（三）匹配度

这里的同业社是指组团社选择的地接社或批发旅游产品的供应商，它们同是旅行社的合作伙伴。组团社在选择时要注意：

1. 经营理念要高度统一

充分认识和理解合作方的企业文化、产品定位，中长期发展战略、区域市场销售目标及市场运作方案。

2. 具有开发市场所需的资源

同业社拥有足够的资源（包含资金），有各类渠道实现横向和纵向有机结合，能够满足组团社客户的需求。

第四节 询价要求

掌握了旅游团队相关信息后，计调人员要对各类服务供应商进行询价。

一、住宿

（1）按照组团社（含境外社）对于入住酒店的要求，筛选符合条件的酒店询价。同一级别的酒店注意地理位置、房间类型、基础设施、管理水准、人员素质、周边环境等方面的差异对价格的影响。

（2）掌握酒店各时节执行的价格类型、房价是否含餐、餐为中式还是西式、房间标准价格及结算方式、旅游者加床价格等情况。

（3）选择酒店后确认团队抵达时是否有空房。

二、交通

（1）火车、飞机等交通工具应注意铺座等级、舱级的价格差异。

（2）汽车应根据大致路线、用车大小、车型要求询价。

三、用餐

根据旅游团队对旅游行程中用餐次数、用餐标准询问用餐费用及基本餐单。

四、景区（点）

（1）按照与景区（点）签订的合作协议，充分考虑景区（点）门票对于散客、团队及学生、儿童、老人、残疾人等不同对象的价格政策。

（2）确认与行程相关的索道、景区（点）交通、园中票等费用。

五、购物

（1）明确购物商店的类型、名称及时间。

（2）与旅游商店签订协议书。协议书应明确旅游购物店与接待旅行社应尽的义务及收益分配比例等。

六、娱乐

（1）了解娱乐项目的内容，确认费用。

（2）确定对散客、团队及学生、儿童、老人、残疾人等不同对象适用的门票价格。

（3）明确通过何种方式（电话、传真或其他）预订文艺节目票。

（4）如果需要，可与相关单位洽谈为旅游团（者）提供包场演出、送戏上门等服务。

第五节　签订接待计划要求

一、内容要求

1. 对旅游服务采购签订接待计划的要求

（1）服务供应商应提供的具体服务内容和服务标准。

（2）具体结算价格、币种、结算方式及时间。

（3）双方签字盖章确认。

2. 与各类服务供应商签订接待计划的注意事项

（1）住宿。团队订房单须确定房间类型结算价、房间数量、入住时间、离店时间、付款方式、旅游者国籍、名单（需要时）、带团陪同人员姓名、联系电话、陪同人员人数、陪同房价、早餐方式（地点、标准）、有无特殊要求等内容。

（2）交通。预订汽车服务应注意汽车正座数、车型、车况、品牌及性能、司机服务规范、营运手续、价格及结算方式。

（3）用餐。应与定点餐厅签订合作协议。接待计划应明确餐费标准、基本菜单、结账方式、酒水的结算方式等。

（4）景区（点）。应按照景区（点）要求发送预订接待计划，通知景区（点）旅游者人数及带团导游信息。查看团队有无特殊人群须凭特殊证件进入景区（点），如有应提前通知景区（点）和提醒旅游者携带。

（5）购物。应选择有资质、有信誉的购物商店，严格按照行程内注明的购物店类型、名称和时间安排购物。

（6）娱乐。了解娱乐项目是否需要提前预订，按照对方预订要求操作。

二、传真文件要求

旅行社与服务供应商的业务往来一般以传真的形式完成，传真文件应达到以下要求：

（1）须使用公司统一形式的信函，具备公司标识、全称、地址、电话等信息；
（2）应标明发件人姓名、联系电话、传真；
（3）应标明收件人单位名称、联系人、联系电话、传真；
（4）发文内容；
（5）传真机设置时间须准确；
（6）发送传真后应确认对方是否收到，提醒对方及时回复。

思考及练习

1. 初次筛选服务供应商时应考察哪些内容？
2. 合同的基本内容有哪些？
3. 选择交通方式的原则有哪些？
4. 传真文件的要素有哪些？

第十章 旅行社产品设计与发布规范

第一节 旅行社产品概述

目前，国内旅行社的发展出现了规模上的分层：大型旅行社、旅游集团做旅游产业的上游，主营资源采购和产品批发；中型旅行社向特色化发展，产品与业务做精做细；小型旅行社处于旅游产业下游，负责分销、零售旅行社产品，接受周边短线旅行社产品的研发和接待。

一、旅行社产品的定义

广义定义：旅行社产品是指经过精心策划、特别包装，具有品牌理念及服务的旅游行程产品。

狭义定义：旅行社产品是指旅行社向旅游者销售的以旅游吸引物、旅游设施和策划安排为主要构成的旅游路线或项目，以及交通、住宿、游览、导游或领队等旅游服务。

本书以广义定义为准。

二、旅行社产品的特点

旅行社产品除了具备旅游行程的无形性、生产与消费的同时性、不可存储性、季节性的特点外，还具备体系性、广告性、独特性等特点。

1. 体系性

在富有创造性的策划创意的基础上，通过游览观光、娱乐、旅游路线、接待设施、形象与营销等资源的规划，将策划创意整合成一个有景观品质、活动内容、空间条件、时间序列和信息引导的有机整体。

2. 广告性

体现在标题震撼吸引、特色亮点突出、旅游看点有引导上。

3. 独特性

旅行社产品经过专业人士的研发包装，在产品定位、产品展现、产品渠道上具有独特性，不易被仿制。

三、旅行社产品设计要求

1. 品质要求

优异的服务质量和优质的旅行社产品永远是旅行社追求的目标。根据国际经验，人均 GDP 超过 3 000 美元时，消费者在追求基本需求之外，会更关注精神需求的满足。我国人均 GDP 早在 2012 年就已达到 6 100 美元，消费者对于精神需求的注重势必日益增强。旅游者的需求以享受与个性体验为中心，旅行社产品要注重创意和服务，从注重开发旅行社产品变成注重培育旅游品牌，提高竞争力和影响力。

2. 安全要求

旅行社产品安排的目的地应是政局稳定、治安良好、无人畜传染病、无战争的国家或地区。旅游景点和旅游设施的安全性要高，避免安排交通条件不佳或安全设施不足的景点。所安排的行程和内容均应合法，如交通时间必须符合当地的规定，司机不能超时驾驶，不涉及色情，不安排非法赌场（境外合法赌场除外）。行程中所存在的风险要容易掌控，或者风险发生时有替代方案，如下雪封路有替代路线。

3. 合适要求

旅行社产品的编排行程必须根据市场定位锁定目标消费群的购买能力，选择最适合该群体的项目来安排。制定预制旅行社产品，如果面对的是普通消费者，将各地最好的旅馆、最好的餐厅都安排在预制行程内，不仅价格会远远高出一般消费者所能支付的范围，而且行走路线也未必是最合理的路线。

4. 可实现性要求

旅行社产品的行程编排一定要注意可实现性。有的产品在一天行程中安排了很多入内游览的景点，乍看之下行程非常丰富，但是由于时间有限，无法全部参观或者仅能走马观花，会引发旅游纠纷或者降低游客满意度。

有的目的地由于季节不同，进入性和观光满意度相差较大，因此规划者有忠实告知的义务。例如：加拿大落基山脉国家公园区是前往加拿大西岸游览的主要风景区，夏季道路状况良好，景点全部开放，因此时间越长越能够欣赏大山大水美景；但是在冬季，道路状况较差，大部分景点关闭或因积雪无法进入，因此停留时间不可太长。

5. 盈利要求

旅行社产品必须能带来利润，降低采购成本，控制消费成本。

6. 持续改进要求

根据旅游资源和交通情况等的变化，及时调整产品组合，增加产品内涵，提升产品质量。

7. 流程要求

设计是把一种设想通过合理的规划、周密的计划及各种感觉形式传达出来的过程。旅行社产品设计要经过设想研发、规划包装、计划推广三个阶段。前期的设想研发有利于真正新产品的出现，中期的规划包装有利于旅行社产品的展现与营销，后期的计划推广有利于扩大新产品销量，对旅行社效益意义重大。

四、旅行社产品分类

1. 按照制定产品的顺序划分

预制旅行社产品：由旅行社设计提供、事先制定，预计计划人数、出发日期、路线行程及价格等，并用广告或其他方法招徕旅游者而实施的旅行社产品。

定制旅行社产品：旅行社受旅游者的委托，根据旅游者的需求单独编排行程、报价并提供服务的专项产品及服务；或接待旅行社接受组团社或旅游批发商的委托，落实安排的旅行社产品。

预制旅行社产品与定制旅行社产品的差异比较见表 10－1：

表 10－1　　预制旅行社产品与定制旅行社产品的差异比较

种类	预制旅行社产品	定制旅行社产品
参加者类别	公众	某团体
旅游者差异性	较大	较小
费用	平价为主	按团队需求
出团时间	淡旺季明显	按团队需求
产生顺序	先有行程后有旅游者	先有旅游者后有行程
行程特性	景点大众	景点独特或丰富
	旅行社事先安排，弹性小	旅游者同意的行程，弹性大
	专业程度低，易模仿	专业程度高，不易模仿
风险	旅游者人数不足，旅游者不适合该行程	旅行社工作人员不专业，旅游者不满意

2. 按照产品的类型划分

全面覆盖型产品：针对全部旅游市场的各种旅游需求的旅行社产品组合，包括各种类型的旅游路线。

市场专业型产品：为某一特定的群体提供的产品，如亲子游、夕阳红游。

专业组合型产品：只经营一种类型的旅行社产品以满足多个目标群体的同一类需求，

如徒步、骑行、摄影。

特殊专业组合型产品：针对不同目标群体的需求提供的特需产品，如研学游、医疗游。

第二节　旅行社产品研发

从现实的状况来看，旅行社产品无法取得专利，容易造成同业间的抄袭和模仿。旅行社只要根据客户的需求定制产品，具备产品设计能力，熟悉旅游资源，能够随时根据客户需求调整变化，做到创新和专业，就不必过度担心产品被模仿。

好的旅行社产品需要提前完成设想和研发这两个环节。设想是提出一个即将实施的项目，分析客户需求和进行资源整合；研发是研究与开发，是为获得并创造性地运用科学技术新知识进行实质性改进技术、产品和服务而持续进行的具有明确目标的系统活动。旅行社产品研发主要有搜集资讯、熟悉资源、甄选景区（点）、分析同业、规划游程、成本估算与定价、商讨细节 7 个步骤。

一、搜集资讯

主要搜集市场趋势、目的地情况与旅游资源等方面的资讯。可以通过市场调查、书面资料、影视作品、网络等渠道搜集整理。

1. 市场趋势

产品研发必须关注市场趋势，分析客源地客户需求，考虑产品研发后的可实施性。旅游者的心理共性是“求新、求知、求乐”，旅游者就是想通过旅游领略异地的新风光、新生活，在异地获得平时不易得到的知识与快乐。以旅行社已有的客户和未来要发展的客户为基础，分析他们的主要出游需求。

例如，北京 2022 年举办冬奥会和冬残奥会，你预测滑雪产品肯定受欢迎。这个预测没错，但是开发滑雪产品要综合旅行社的客户资源：如果你所在旅行社户外运动消费客户比较多，就寻找专业的滑雪场地和教练；如果你所在旅行社亲子客户多，就寻找短跑道的、专业水平不一定很高，但场地设施、教练亲和度高的滑雪供应商；如果你所在旅行社大众客户多，就要考虑是否靠数量争取更大的优惠。

2. 目的地情况

目的地的选择可以是远距离的国家或地区，也可以是具体某个城市，或者近郊的地点等。主要搜集目的地以下资讯，判断可抵达性和吸引性：

（1）安全：本地、目的地、中转地。

（2）政治：国家邦交、选举影响、政治安定。

（3）经济：国内经济、汇率、生活水平。

（4）文化：目的地的独特性和客源的适应性。

3. 旅游资源

旅游资源的资讯搜集主要是搜集能对旅游者产生吸引力的资讯。

例如，按照等级划分的旅游资源：

（1）国际级：世界遗产、最大、最小、最完整、最古老……

（2）国家级：国家公园、国家保护区、国家级历史文物……

又如，按照资源种类划分的旅游资源：

（1）自然资源：已开发、有特色未开发。

（2）民俗文化：特色、可接触性。

（3）建筑资源：古代、现代、宗教。

（4）艺术人文资源：绘画、雕刻、音乐、博物馆、故居等。

（5）生活娱乐资源：购物中心、主题乐园等。

（6）产业资源：啤酒、钢铁、巧克力工厂、地铁维修等。

（7）生态旅游环境教育：自然教育、观鸟、植物、节气。

另外，与名人或名著有关的、历史典故记载的、电影电视拍摄地、宗教圣迹等旅游资源也颇具吸引力。

二、熟悉资源

1. 法律法规

了解当地对旅游的法律法规和政策。例如：出境业务须先确认签证内容及申请程序；国内团队须了解对不同人群的价格或奖励政策等。

2. 大交通

查看、选择合适的大交通方式，提高效率，降低成本。旅游批发商在组团人数上有较大优势，因此包机、控制机位较为容易。当下，有部分旅行社借助旅游者在互联网平台订票的优势，开始在目的地组团，所提供的服务不含大交通。

3. 接待条件

主要看当地的治安、交通、住宿、餐饮、公共卫生、游览条件、气候条件、危机处理等情况。

4. 消费水平

了解餐饮、交通、住宿等当地服务的等级和消费水准，境外游须注意汇率及流通货币种类。

5. 地接社

了解当地旅行社的品牌、口碑、操作水平、资源掌控能力、影响力、价格竞争力、服务品质掌控性、财务、信用、付款方式等。

三、甄选景区（点）

景区（点）的选择对产品设计至关重要。在产品研发时，应注意搜集以下四类景区（点）：

（1）必游景区（点）：一定要安排的知名景区（点）。例如：世界遗产、AAAAA级景区、国家森林公园等。

（2）可替代景区（点）：根据人群特点筛选的景区（点）。例如：老年人喜欢历史韵味，年轻人喜欢体验性强的项目，父母喜欢给孩子选择寓教于游的内容，户外爱好者喜欢徒步、爬山等。

（3）特色景区（点）：具有浓郁特色的景区（点）。例如：欣赏白族歌舞，在新疆葡萄架下吃饭。

（4）补充景区（点）：根据点线适中、松弛有度的原则可增减的景区（点）。例如：因路途辛苦，安排在白杨林照相，看路边野湖的芦苇荡等。

四、分析同业

旅游市场发展迅速，市场红利是分不完的。计调人员在研发产品时，也要分析同业的情况，并思考以下四个问题：主要客户是否重叠？路线的差异在哪里？彼此的售价如何？包含的项目是否相同？应强调自己的优点，避免正面冲突。

五、规划游程

定下景区（点）后，需要把行程中的各个项目敲定，包括航空公司、具体航班、住宿等级与区域、餐食种类与位置、当地交通等。

1. 规划原则

在整体规划产品时要遵循特殊性、距离性、多样性的原则，在具体编排时要遵循限制性、匹配性的原则。

(1) 特殊性。要凸显必游景区（点）的价值。例如：杭州是双遗产城市，在安排游览西湖和运河两个景点时，可以考虑从世界遗产的角度包装它们的特殊性和稀缺性。

(2) 距离性。景区（点）之间的游览顺序、行走方向、路况、海拔等因素对行驶速度、路程时间有较大影响。行程安排要松弛有度、不赶不累。

(3) 多样性。保持旅游元素的多样性，每天的行程都有亮点，可以是景区（点）、美食、娱乐等。类似的项目一定要在定位上有差别。例如：江南水乡路线安排乌镇和西塘两个水乡，在描述的时候一定要将两个水乡的不同点说出来。

(4) 限制性。要考虑景区（点）开放时间、进入人群要求、限制人数、事先预订方式、交通工具等限制条件。

(5) 匹配性。制作品质产品，以匹配品质资源。例如：度假产品最好安排海景房、山景房，明确不要内窗房。

2. 交通安排

路线不合适会造成旅程时间的无谓浪费和旅游者的劳累，应根据景区（点）位置、地形情况、交通时间、沿线风景来权衡并编排行走路线。路线安排有单线式、放射式和环绕式三种。

3. 时间安排

在编排行程时需要注意各景区（点）之间的交通时间、游玩休息的时间、出发及回程的时间。只有综合考虑、加以均衡，才能安排出合理的行程路线。

(1) 交通时间。旅行社产品设计人员必须清楚知晓各景区（点）的地理位置，熟悉各景区（点）之间的交通情况、道路系统等，只有这样才能规划出合适的路线。

(2) 景区（点）停留时间。根据各景区（点）的资源特色、参观方式、适合从事的活动安排、游客的兴趣爱好这四个方面，规划每个景区（点）适当的停留时间。

4. 参观顺序

妥善地安排交通时间和景区（点）停留时间是一种相当重要的能力，而对于景区（点）游览顺序的安排则是一种技巧。只有在合适的时间做对的事情，才能体验旅游的乐趣。例如：杭州西湖的雷峰夕照指的是夕阳下的雷峰塔美景，而苏堤春晓的美景“间株杨柳间株桃”则是春暖花开的时候才有的。在安排景区（点）顺序的时候，需要注意的因素有：

（1）营业时间与休假时间。要注意景区（点）的开门时间和闭门时间，避免抵达过早或者进入太晚。很多博物馆在周一闭馆，若周一恰逢公共节假日则正常开放，延后闭馆，在行程编排时要注意错开闭馆时间。

（2）重要时刻。例如：海洋公园的海豚表演、观看日出、夜游坐船等都是在特定时刻才有的内容，若因时间安排失误而错过甚为可惜。

（3）避开拥挤的人流。假日的博物馆、游乐园往往人满为患，旅游团队比较适合当天开门就入园或避开节假日，避免人潮拥挤从而降低旅游品质。

（4）气温气候与季节性。夏日高温，中午前后适合安排室内景点，户外参观要避开烈日当头的时刻。赏花、摘果的活动要注意安排在盛花（果）期，避免无花可看、无果可摘。

5. *活动安排*

如今的旅游者希望充分享受悠闲的假期，行程安排不能全部是参观景区（点）。需要把常规景区（点）加工成新产品且能进行更多变化，带领旅游者体验不同的旅游乐趣。即使是旅游者曾经到访的景区（点），在规划者的巧思下也能带来新的体验，这才是产品设计的水平。适当地挖掘当地特色资源，让旅游者亲近并进行动态的旅游体验会让行程更丰富。例如：参观古镇古村，仅仅参观和拍照无法满足大部分游客的要求，如果安排当地具有风味的擂茶店，让旅游者体验制茶、品茶，再加上寻幽探访的讲解，定会增添行程的愉悦性。

有些地区若是没有合适的供应商，或是没有现成的套餐活动，建议在合法安全的情况下自行安排。可安排的活动有：

（1）物品制作。例如：手工皂、小挂饰、乡村玩具、陶器等。

（2）美食制作。例如：打年糕、擂茶、糖桂花、饼干烘焙等。

（3）文化体验。例如：手工扎染、丰年祭、腌制泡菜等。

（4）趣味活动。例如：团康游戏、趣味竞赛、篝火晚会等。

（5）运动活动。例如：泛舟、溯溪、滑翔机、蹦极、攀岩、沙滩排球、骑行单车等。

（6）生态活动。例如：植物导览、日间观鸟、夜观昆虫等。

六、成本估算与定价

旅行社产品价格由该旅游活动产生的直接成本、旅行社运营成本、影响因素和利润组成，具体见表 10－2。

表 10－2　　旅行社产品成本定价项目表

一级项目	二级项目	三级项目
直接成本	个人成本	1. 大交通：机票（税）
		2. 区间交通：接送车、景点间交通
		3. 住宿：有无服务费、调节基金
		4. 餐饮：服务费
		5. 门票
		6. 保险
		7. 签证费等
	分摊成本	8. 领队/导游费用：补助、交通、签证、餐费、保险等
		9. 杂费：行李牌、赠品、旅游手册、单房差
		10. 操作费、说明会或客户需求等其他
运营成本		营业场所场地费用、营业设备损耗、人力成本、通信费、责任险、广告费用等公司营业成本
影响因子		公司营业状况、产品目标、操作风险、竞争者售价、汇率、成团人数、规模经济、采购量、航空公司及机位来源、付费方式、付费时间
利润		经验、比例加成、固定利润等

七、商讨细节

对具体行程安排和服务供应商的筛选、人数预计、产品说明书等各种细节进行商讨、确定。

第三节　产品包装与发布

一、产品包装的作用

包装是将一个项目经过不断的推敲论证，以文字和图形的方式进行营销的过程。旅行社产品编排好后，往往需要具备美术功底的营销策划来包装。无论是图片、主题及特色表述、背景、行程文案说辞，都需要包装才能够设计出对消费者有吸引力的产品。

旅行社产品包装的形式有宣传页、产品说明书、视频等多种形式。以产品说明书为例，其主要作用有：

1. 产品介绍

消费者通过阅读旅行社产品说明书，能有效地了解该产品包含的项目和服务标准。

2. 指导消费

旅行社产品说明书需要具备报名要求、安全提示、当地资讯等内容，使消费者清楚地知晓参加该旅行社产品的要求及注意事项。

3. 扩大销售

旅行社产品说明书图文并茂，能达到吸引消费者关注、激发其旅游欲望、增加销售的作用。

4. 彰显品牌

旅行社产品说明书上需要标识旅行社信息，使旅行社品牌形象直观地呈现，从而达到宣传旅行社品牌的作用。

二、旅行社产品包装的原则

规划的产品要想受到业务人员与消费者的青睐，必须进行妥善的包装。旅行社产品包装应遵循以下原则：

1. 诚信原则

在包装中使用的图片、词句等内容都会成为合同契约的一部分。诚信是第一原则，不能夸大其词、隐瞒欺骗。

2. 透明化原则

旅行社产品包装要详细说明游程所包含的内容、费用项目，如进入哪些景点，是否包含签证费、民航发展基金、机场接送服务等具体内容。

3. 具体化原则

因为旅游属于亲身体验的产品，消费者尚未使用就付出费用，所以包装时要将标准具体化。重点是对所包含内容的具体描述，如所住酒店的等级、机位的舱级、餐食的内容、交通的安排、游程的特色等，让消费者清楚知道他们所花费用会带来什么样的体验。

4. 诱人原则

旅行社产品包装能够让消费者对于游程有所期待，因此要特别加强对游程特色的描述，最好能做到让消费者看完内容或图片等信息就采取购买行动。

5. 差异化原则

市场上的旅行社产品太多，我们必须用包装来凸显自己的产品与其他产品的差异，吸引消费者的注意。因此，在包装产品时，要在醒目的位置展现自己产品独特的内容。

三、旅行社产品说明书的构成

旅行社产品说明书作为招徕消费者的主要媒介，是经过旅行社精心策划、特别包装，具有品牌理念、鲜明特色的旅行社产品的展示物。

旅行社产品说明书可分为产品名称、产品特色、目的地资讯、行程内容、价格及服务标准、温馨提示、旅行社信息七部分。

1. 产品名称

产品名称主要用于告知旅游者旅游目的地、天数、产品类型等信息，作用是“吸引客户”。具有吸引力的产品名称会增加点击量和成交量。例如：【还记得鲁迅笔下的孔乙己吗?】绍兴咸亨酒店1晚自由行，极地探索·冰岛十日深度+一路向北穿冰野+星辰大海鲸之歌+极光洒满火山温泉。这两个产品名称不仅说明了目的地和天数，也对行程的主要卖点进行了展示，达到了吸引旅游者的目的。

2. 产品特色

这一部分主要是使客户进一步了解该产品的亮点与卖点，用语气强烈的说辞先行说明该行程的主要特色，并配以大量的精美图片，具有一定的广告宣传作用。

例1：

【真实触感】还原乌镇水乡，重回江南鼎盛生活；

【传统体验】传统手工作坊，染坊手工剥茧缫丝；

【水乡生活】享书场听戏，邮寄家书，水阁家宴；

【西栅夜景】乌镇民宿提灯走桥，梦幻西栅夜景。

例2：

本产品为30年国际自驾资深玩家设计，自然探索北极圈美景雪原极光路线。

这里是全球人居生活幸福指数最高的国家，自然美景、空气、人居环境等质量之佳，连续多年被联合国评为最适合养老之地。又因其独特的地理位置及气候，造就了宏伟壮观的峡湾、常年不冻的海湾、神秘奇幻的极光。

当地致力于保护野生动物，驯鹿、兔子、狐狸及各种鸟类随处可见，民风淳朴，待人友善温和。这里的一切，将带给您优质的旅游体验，让您回味无穷！

您可以到“北极之门”——特隆姆瑟山顶感受极光在天穹婀娜舞动的奇幻；进入北极圈拉普兰土著地区，由芬兰当地朋友引领您与温顺可爱的驯鹿来场亲密接触；入住独具北欧萨米特色的原创设计木屋，与阿拉斯加犬、哈士奇犬来场雪橇之旅，亲临欧洲大陆最北端，一览壮阔的巴伦支海及孤寂悬崖，静候北极光……

3. 目的地资讯

旅游是离开常居地的活动，旅游者对旅游目的地缺乏了解。因此，使旅游者加深对目的地的了解是必要的。此板块与产品特色板块往往最能展现旅行社产品设计者的文笔功底。

4. 行程内容

行程内容主要是对行程的具体说明，是产品说明书的重要组成部分，其主要作用是使旅游者知晓行程的内容和节奏。常见的行文方式有时间列表式和日程式两种。

(1) 时间列表式。时间列表式也称为课程表式，即将行程按照课程表的方式展现出来，几点集合，几点游览，一目了然。这种方式让旅游者清楚每个景点的抵达与停留时间，检视每个景点的安排是否匆忙或空闲。这种方式能体现旅行社的专业程度，但存在一定风险，一般仅国内行程使用。例如：

第 2 天　昆明石林、侏罗纪公园、禄丰世界恐龙谷、楚雄彝人部落—彝乡恋歌—长街宴—祭火大典

07:00　行驶时间：约 3 分钟 | 用餐时间：约 30 分钟

早餐：酒店自助早餐

07:30　行驶距离：约 90 千米 | 行驶时间：约 1 小时 30 分钟

早餐后乘车前往石林

09:30　行驶距离：约 5 千米 | 行驶时间：约 10 分钟 | 游览时间：约 2 小时

【石林国家地质公园】

石林位于云南省昆明市石林彝族自治县境内，以喀斯特地貌景观为主，被誉为“世界喀斯特的精华”。

奇风洞位于李子箐石林东北 8 千米处，在一座状如火炬的石峰下，是一个长 30 厘米、宽 6 厘米的不显眼的小裂缝。每年的 8 月至 11 月，大地吸足雨水后，这里会吹出呼啸的冷风，杂草、灰尘飞扬飘舞，虽然能听见流水声，却不见一滴水。平静几分钟后吸风，把花草等吸到洞口。一呼一吸周而复始，形成会呼吸的地质奇观。

阿诗玛化身石位于昆明市东石林风景区内。阿诗玛是云南彝族神话传说里一位聪颖美丽的姑娘，她与阿黑哥坚贞的爱情和不畏强暴的精神家喻户晓。20 世纪 60 年代拍摄的电影《阿诗玛》更是让阿诗玛的故事传遍海内外，使美丽的阿诗玛更加深入人心。这座形似阿诗玛的石是石林风景区的著名景点，也是人们怀念阿诗玛、重温那个美丽传说的好地方。此石形神俱似阿诗玛，“她”含情脉脉，似在翘首急盼

阿黑哥的到来。人们把对阿诗玛的怀念寄托于此石，每天游人如织。

12:00 行驶距离：约 10 千米 | 行驶时间：约 20 分钟 | 用餐时间：约 30 分钟

午餐：当地风味餐

13:00 行驶距离：约 160 千米 | 行驶时间：约 2 小时 30 分钟

中餐后乘车前往楚雄禄丰世界恐龙谷

15:30 行驶距离：约 5 千米 | 行驶时间：约 10 分钟 | 游览时间：约 2 小时

【禄丰世界恐龙谷】

禄丰世界恐龙谷位于楚雄州禄丰县川街乡阿纳村恐龙山，是一个大型的恐龙文化旅游主题公园，极具趣味性和科普意义。在这里，游人可以走进恐龙王国，穿越侏罗纪世界，解读地球生灵的兴衰演变。

17:30 行驶距离：约 30 千米 | 行驶时间：约 40 分钟

乘车前往楚雄

19:00 行驶距离：约 5 千米 | 行驶时间：约 10 分钟 | 用餐时间：约 30 分钟

晚餐：楚雄彝族长街宴，彝乡恋歌篝火盛宴

19:30 行驶距离：约 10 千米 | 行驶时间：约 20 分钟

前往酒店：楚雄君耀大酒店（或楚雄世纪星大酒店、楚雄荣泽商务酒店、楚雄玉波酒店、楚雄苏堤春晓大酒店）

(2) **日程式。按照一天的行程安排，包括从早上到晚上要做的事。例如：**

第 1 天 国内—奥斯陆—特隆姆瑟 飞行时间：约 23 小时 5 分钟

参考航班：汉莎航空 LH727 转 LH2452 转北欧航空 SK4418（实际航班以出票为准）。航班起飞前 3 小时到达出发地，准备安检入关（根据出行航班有无情况，会适当调整中转地，确保到达时间符合行程要求）。

第 2 天 特隆姆瑟（汽车）—罗德松德

早餐：飞机餐；午餐和晚餐：挪威境内 500 克朗/人/天。客人可自由选择美食（餐费由客人自费）。

下午 外出游览

【峡湾风光】

挪威以峡湾闻名，有“峡湾国家”之称。沿途一个接一个的曲折峡湾和无数的冰河遗迹构成一幅壮丽精美的峡湾风光。挪威人视峡湾为灵魂，并以峡湾为荣，认为峡湾象征着挪威人的性格。峡湾给人带来的不仅是视觉冲击，更准确地说，应该是心灵的震撼。

晚上 前往酒店：主题特色酒店

【品尝当地海鲜】

在这个宁静小镇的当地餐厅品尝当地料理的新鲜海鲜，推荐往期客人们大爱的北极甜虾，配上当地的美酒，这份惬意正是旅途中让人难以忘怀的最爱。

【追逐奇幻北极光】

记录每一个美好时光，精彩的挪威北极光从现在开始。极光是一种大自然天文奇观，它没有固定的形态，颜色也不尽相同，以绿、白、黄、蓝居多，偶尔也会呈现艳丽的红紫色，曼妙多姿又神秘莫测。

5. 价格及服务标准

产品的价格一般应列明单个成人的价格和儿童价格。服务标准里需要注明费用包含的项目和不包含的项目。按照相关的标准要求，费用需要列明采用的交通工具等级、住宿规格及标准、餐饮标准及次数等。

6. 温馨提示

一般包括报名要求、预订须知、安全提醒等。

7. 旅行社信息

包括旅行社名称、许可证号、地址、联系电话等。

四、产品推广

推广的本意是使事情有效开展。旅行社产品制定出来后，需要制定收客计划、推广渠道、物料准备、教育训练等具体措施，以保证产品顺利上架、推广及销售。

1. 收客计划

行程编制好后，需要商定发团日期。注意签证手续的截止日期，必要时需预订交通、食宿，注意成团人数与机位的控制时间。

2. 推广渠道

可通过多种方式推广，如公司官方直销（门店、微信、淘宝店铺等）、人员销售、同业代售、产品发布会、媒体宣传广告、给老客户派送杂志或邮件、与银行（航空公司）跨界合作等。

3. 物料准备

为了配合产品销售宣传，有必要制作视频、网页幻灯片、DM 快讯广告、产品手册等物料。

4. 教育训练

需要对销售人员、代理商和导游（领队）进行产品内容的“话术”训练。作为销售人员，一定要清楚产品的内容特色、规划理念与各种细节，避免一问三不知。导游（领队）更应该详细明白各地区的资源特色、出团中的操练方式、行程中的注意事项等。避免规划者的初衷与执行者的说辞有太大的落差，使旅游者因行程单、销售人员口头说明与现实体验的差异而抱怨。

五、产品说明书的发布要求

按照相关法规和标准的要求，旅行社产品说明书的发布应注意以下事项：

1. 包价旅行社产品说明书内容要求

（1）旅行社全称、地址、电话、许可证等信息；

（2）产品名称；

（3）产品的价格及交费方式；

（4）产品的限制条件（如人数限制、有效时段、不适宜参加相关活动的群体）；

（5）旅游行程的出发地、途经地、目的地、结束地；

（6）旅游行程中各停留点的路程距离；

（7）旅行社统一安排的游览、娱乐项目的具体内容及时间；

（8）自由活动的时间和次数；

（9）需要旅游者另行付费的游览、娱乐项目及价格；

（10）采用的交通工具及标准；

（11）住宿的地点、规格及标准；

（12）餐饮的标准及次数；

（13）旅游目的地资讯介绍；

（14）安全提示及针对高风险旅游项目的安全保障措施；

（15）出境旅行社产品须提示签证要求及材料清单；

（16）旅行社及行业部门旅游服务监督、投诉电话。

2. 产品说明书中的不确定因素

对于产品发布时还不能确定的信息，以出团通知书的方式告知旅游者。不确定因素仅限于：

（1）具体的航班及火车信息；

（2）酒店的具体名称、地址；

(3) 旅行社紧急情况联系方式；

(4) 目的地特别注意事项。

3. 表述要求

(1) 表述应便于旅游者理解，避免使用专业术语、方言及易产生歧义和误解的用语；

(2) 客观介绍旅游景区（点）和项目的真实称谓和情况；

(3) 行程时间均按 1 天 24 小时的全时制发布，在有时差的地区以当地时间为准；

(4) 提醒旅游者特别注意的事项须采用醒目的方式（如字号加大、字体加粗等）。

思考及练习

1. 旅游产品的设计要求有哪些？
2. 出境计调人员主要搜集哪些方面的旅游资源资讯？
3. 旅行社产品价格由哪些方面组成？
4. 请阐述旅行社产品说明书的作用。

第十一章 出团通知书及派团单规范

第一节 出团通知书

出团通知书是旅游者出行的详细说明，是旅游合同的补充协议，须列明产品说明书中尚未明确的要素，对无全陪的旅游者须告知旅游目的地的具体接洽办法和应急措施。

出团通知书应包含以下信息：

（1）组团社名称、地址、联系方式，须加盖公章；

（2）具体出发时间和地点、出发交通信息；

（3）详细行程安排（含住宿的名称、景点最短停留时间、购物最长停留时间等）；

（4）旅游者自费项目的价格及标准；

（5）购物及自费补充协议；

（6）该团导游（领队）姓名、联系电话；

（7）组团社联系人、电话及公司紧急联系方式；

（8）服务供应商名称、联系方式；

（9）行业监督投诉电话；

（10）提醒旅游者的注意事项；

（11）旅游目的地国家或地区的相关法律法规、风俗习惯和宗教禁忌；

（12）安全注意事项和应急措施，高风险的旅游项目须有风险防范措施；

（13）文明旅游须知；

（14）出境旅游须提示外汇兑换事项与手续；

（15）出入境海关及卫生检疫注意事项；

（16）境外收取小费的惯例及支付标准；

（17）旅游目的地报警电话、我国驻外使领馆的应急联络方式；

（18）旅游者签字。

出团通知书示范如表 11－1 所示。

表 11-1

浙江省中国旅行社集团有限公司
出境旅游出团通知书（示范）

<table>
<tr><td>团　　号</td><td colspan="3"></td><td colspan="2">团队性质（包团、联合发团、散拼）</td><td colspan="2"></td></tr>
<tr><td>人　　数</td><td colspan="2"></td><td>领　队</td><td colspan="2"></td><td>手　机</td><td></td></tr>
<tr><td>集合时间</td><td colspan="4"></td><td>集合地点</td><td colspan="2"></td></tr>
<tr><td>出发航班</td><td colspan="4"></td><td>航班时间</td><td colspan="2"></td></tr>
<tr><td>送 关 人</td><td colspan="4"></td><td>手　　机</td><td colspan="2"></td></tr>
<tr><td colspan="8">旅游者注意：如持有中国大陆地区之外的护照（含香港地区和台湾地区）参团出国、出境旅游的，其签证、签注自理。持香港地区或台湾地区护照的旅游者出国、出境时，必须随身携带回乡证（回港证）或台胞证。旅游者请自行办理签证、签注。</td></tr>
<tr><td>日期</td><td>交通</td><td colspan="3">行程内容</td><td colspan="2">酒店</td><td>用餐</td></tr>
<tr><td></td><td></td><td colspan="3">一、行程中必须注明各地之间的行程时间；各景点的游览、娱乐等项目的具体时间（写不低于××分钟）；自由活动的时间安排。
二、描述景点或行程时，对于目的地的情况要真实、准确，不可使用如“妙龄美女接机献花”之类易引起争议的表述。
三、不得安排参观或参与违反我国法律法规和社会公德的项目或活动。
（以上参见《中华人民共和国旅游法》第三十五条、第五十八条；《旅行社条例》第二十八条第 4、7、14 项）</td><td colspan="2">直接注明酒店名称，挂牌的才可标注星级。不可以写 3～4 星或同级酒店。</td><td>需注明用餐数</td></tr>
<tr><td colspan="8">以上行程遇有特殊情况，我公司在不减少景点的前提下，征得旅游者同意后，可根据实际情况调整行程顺序。</td></tr>
<tr><td rowspan="4">费用说明</td><td colspan="7">【包含项目】</td></tr>
<tr><td colspan="7">费用包含：
1. 注明实际费用包含的项目及内容。
2. 酒店请注明名称，挂星级牌的才能写几星级酒店。
3. 餐费请注明价格标准及几菜几汤（例如：正餐为 8 欧元/人/餐；早餐酒店内自助早餐，正餐为八菜一汤）。

（以上参见《旅行社条例》第二十八条第 5、6 项）
切忌写：包含旅行社责任保险！（参见《旅行社条例》第二十八条）</td></tr>
<tr><td colspan="7">【不含项目】</td></tr>
<tr><td colspan="7">费用不包含：注明实际不包含内容。</td></tr>
<tr><td>行程须知</td><td colspan="7">必须按照每团实际情况注明，不能随意粘贴。</td></tr>
</table>

<table>
<tr><td>温馨提示</td><td colspan="6">1. 建议旅游者自行购买个人旅游意外保险。
2. 按国际惯例，如对为您提供服务的人员工作感到满意，可自愿支付适当小费表示感谢。
3. 在境外，有些宣传民族文化、特色、特产综合在一起的景点（类似于我国的民族村），会存在商店、小摊贩向旅游者贩卖不同档次、不同价位的纪念品、土特产等现象。旅游者在景点购物，偶有发生购物纠纷事件。因此，本公司特别提醒旅游者：景点商店、小摊贩，其所售卖的产品不论真伪、品质、价格及售后服务均无法保障，且协助旅游者维权亦存在困难，本公司不建议旅游者在景点购物，特别是高价格的物品。
4. ……
可根据各团实际情况增加条款。</td></tr>
<tr><td rowspan="8">联系方式</td><td>组团社</td><td></td><td>联系人</td><td></td><td>联系电话</td><td></td></tr>
<tr><td rowspan="3">地接社（参见《旅行社条例实施细则》第三十四条第2款）</td><td></td><td>地接社联系人</td><td></td><td>地接社联系人电话</td><td></td></tr>
<tr><td>地接社地址</td><td colspan="4"></td></tr>
<tr><td></td><td>紧急联系人</td><td></td><td>紧急联系电话</td><td></td></tr>
<tr><td rowspan="2">导游</td><td colspan="3"></td><td>联系电话</td><td></td></tr>
<tr><td colspan="3"></td><td>联系电话</td><td></td></tr>
<tr><td>我国驻目的地使、领馆联系方式</td><td colspan="5"></td></tr>
<tr><td>质量监督电话</td><td colspan="5">浙江省中旅：0571-（各部门质监电话） 400-800-8800</td></tr>
<tr><td colspan="7">***************祝 您 旅 途 愉 快！ ***************</td></tr>
</table>

特别告知：按照《中华人民共和国旅游法》第五十七条及本公司的规定，旅游者出团前应当与本公司签订完毕旅游合同。未签订旅游合同的，本公司保留单方面终止服务的权利。签字即表示旅游者已仔细阅读并完全理解本出团通知书中各个组成部分的内容及含义，并完全同意本出团通知书约定的双方的权利和义务。

（参见《中华人民共和国旅游法》第五十七条；《旅行社条例》第二十八条第11项）

旅游者签字：________________

签字日期：____年____月____日

第二节 导游（领队）派团单

导游（领队）派团单应包括以下内容：

（1）旅行社名称及标识等信息。

（2）加盖旅行社公章。

（3）旅行社相关联系人及电话，如计调人员、销售人员、送关员等。

（4）接受带团任务的导游（领队）姓名、电话等信息。

（5）团队情况，包括团名（团号）、人数、国籍、语种、名单（可以加附页）、出发日期及时间、抵达日期及时间、离开日期及时间、抵达地点、离开地点、用房数量、团队旅游目的或要求等。

（6）陪同工作人员信息：姓名、性别、语种、联系电话；地接导游（领队）派团单若没有全陪，应提供旅游者信息。

（7）旅游行程内容、服务标准要与旅游者签订的一致。

（8）服务供应商的信息：司机姓名、车型（座位数）、联系电话、车牌号。

（9）地接社名称及联系人、联系电话；每天参观的景区（点）名称，必要时提供联系人、联系电话；用餐价格、标准，餐厅名称，必要时提供联系人、联系电话；入住酒店名称、地点，必要时提供联系人、联系电话等。

（10）费用明细：该团需要导游（领队）经手的付费明细及要求；如有需导游（领队）收费的项目，要注明标准及明细。

（11）旅行社对导游（领队）带团的要求、报账要求、旅游者的特殊要求等。

导游（领队）派团单示范如表 11－2 所示。

表 11－2　＿＿＿＿＿＿＿＿领队（导游）派团单

路线	
天数	晚　天
人数	大　小　婴
开会时间	月　日　时　分
出证时间	月　日
出团时间	月　日　时　分
集合地点	
国内段交通工具及时间	
出发日期及时间	年　月　日　时　分
出发口岸及工具	至　飞机/火车/邮轮/汽车
抵达日期及时间	年　月　日　时　分
抵达口岸及工具	至　飞机/火车/邮轮/汽车
到杭时间及交通工具	
填表时间	年　月　日

计　调：＿＿＿＿

联系电话：＿＿＿＿

审 核 人：＿＿＿＿

审核时间：＿＿＿＿

备　注：

派遣领队：＿＿＿＿

派 遣 人：＿＿＿＿

派遣时间：＿＿＿＿

领队签名：＿＿＿＿

行程单及导游（领队）结算单、护照签证资料等附后。

思考及练习

1. 出团通知书的作用是什么？

2. 导游（领队）派团单的作用是什么？

第十二章 紧急事件的处理与预防

第一节 处理原则

旅行社业务为预付费业务，具有生产与消费同步性的特点，在旅途过程中极易受到相关因素以及突发事件的影响。例如：护照遗失、签证遗失、机位不足、房间不足、个别客人因病中途离团、中途旅游车坏、团队人数增减、交通变化等紧急事件的发生，会给旅行社工作人员带来困扰，严重的时候会影响整个团队的行程。出现紧急事件，计调人员应积极协助处理并做出相应调整。

在处理紧急事件时应遵循“变更最小、顾客至上”的原则，将因计划变更所涉及的范围控制在最小限度，尽可能对原计划不做大的调整，也尽量不引起其他因素的变故。

1. 变更最小

主要考虑“时间影响短、涉及范围小、额外金钱少”。

2. 顾客至上

旅游计划是旅游活动的依据，旅行社同旅游者一旦形成约定关系，不宜再随意更改，尤其在行程进行中。对不可抗力引起的变故，应充分考虑旅游者的意愿。

紧急事件的处理正是考验计调人员工作能力的时候。计调人员应有“兵来将挡，水来土掩”的大将风度，出现任何事情都不应置之不理，而要想办法解决。处理时应注意若对下一环节的服务供应商造成影响，应书面通知并以收到回复为准；同时为照顾旅游者因紧急事件受到的影响，可考虑采取加菜加酒水等弥补措施抚慰旅游者。

在日积月累的工作中，规范的操作和细心的确认可以产生顺利处理紧急事件乃至预防紧急情况发生的效果。

第二节 紧急事件的处理

一、客人预订后退团

客人在预订后退团，销售人员按照旅游合同中的条款处理即可。对于计调人员而言，需要与供应商核算具体损失，特别要注意的是机票出票后退票损失比较大，若客人找其他人代替游览，计调人员的操作则是按照团队机票退票，再购买散客机票，这样才能完成人员更换。

例如：10 月 10 日有 28 人签订旅游合同，团队将于 15 日出发。12 日该团队机票已出，13 日人数发生了变化，变化的分别是三种情况：(1) 增加 5 人；(2) 减少 2 人；(3) 人员更换 3 人。请问：面对这样三种情况，计调人员应该怎么做？

如果人数增加，团队机票已出，按照图 12－1 所示的流程操作。如果减少 2 人，按照图 12－2 所示的流程操作。如果人员更换 3 人，则先按照图 12－1 所示的流程操作，再按照图 12－2 所示的流程操作。

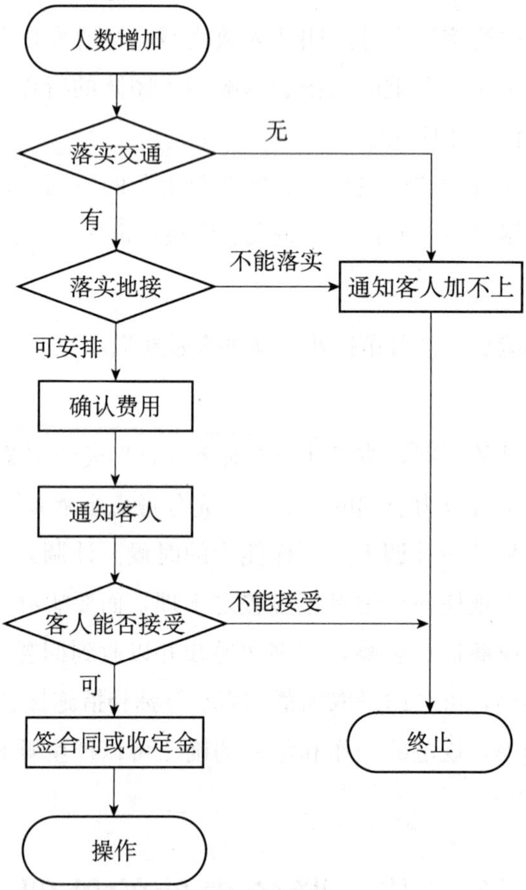

图 12－1　客人人数增加操作流程图

二、客人生病中途离团

经医生诊断应留下治疗的团员，在处理时应注意下列事项：

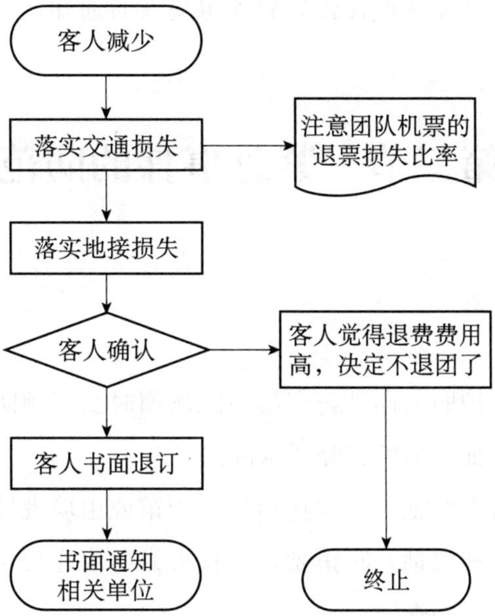

图 12－2　客人人数减少操作流程图

（1）如团员因经济困难需要资金支援，要求完备手续，以便日后索回。

（2）应保管好相关诊断依据及票据。

（3）事先说明团队机票特性，是否有退票价值，回程票是否自理等。

（4）其未完成的行程部分应核算并告知可退费用。

以上第（2）～（4）项均须确认客人已经了解，并应请相关见证人立书为凭，以避免日后产生纠纷。

三、航班取消

航班取消的原因有天气不好、飞机故障、设备条件限制、保障工作未做好、旅客自身原因导致未按时登机等，还有国家命令、战争、动乱、自然灾害等情况。

由于机务维护、航班调配、机组等承运人自身原因，造成航班在始发地出港延误或者取消、在经停地延误或者取消、航班发生备降这三种情况，承运人应当向旅客提供餐食或者住宿等服务。

去程航班取消会影响行程，需要导游（领队）与接待社沟通并调整行程，行程变更单要请客人签字。返程航班取消会产生滞留费用，须依照《旅游法》的相关条款处理。

四、行程延误

无论何种原因造成预订行程延误或更改，一定要书面通知当地的代理商，并要求回复，协助调整相关安排。如无法前往预订餐厅也应及时通知，切不可置之不理，否则会给日后造成极大困扰。

第三节　紧急事件的防范

一、护照遗失

（1）准备团队成员的护照复印件，在给领队派团时交予领队一份，若遗失时能立即取得相关材料。复印件和证件原件需分开携带。

（2）如果办理签证时需要把护照快递给使、领馆或出境批发商，应把收件人、发件人的详细地址（包含座机和电话）写清楚，并找可靠的快递公司。发出后要及时问对方是否收到，一旦没收到应立刻查询。

（3）准备成员备用照片，并交予领队一份。

（4）备有我国派驻海外相关单位的地址名册并交给领队，以备紧急之需。

（5）不建议领队全程保管全部护照，以免全团护照遗失。

（6）定点旅游路线中，建议游客用旅馆保险箱保管护照，减少随身携带的遗失率。

二、签证遗失

（1）准备签证复印件并交予领队一份，以备不时之需。

（2）了解行程路线，以便取得符合要求的签证。

（3）最好在所有签证均出签后再出团，在路途中等签证的风险太大。

三、机票问题

（1）熟悉航空机票的预订及出票程序，掌握航空公司有关飞机误点、机票遗失、行李晚到等作业流程。

（2）必须与客人认真核对名单及证件号码，最好第一时间签字确认。

（3）请客人保证证件的有效性，确认出境旅游的护照或通行证有效期在半年以上。

（4）机票预订流转环节中姓名和证件号码一定要书面流转。

（5）认真核对出团、离团日期和航班号。

（6）在规定时间内必须及时和航空公司再次确认机位，否则过时后机位被电脑自动洗掉，形成没有订位的纪录，会造成不可挽救的错误。

(7) 因航空公司超售机位而产生的机位不足等问题，应坚持团体必须同时行动的原则，坚决争取。

四、漏接事件

(1) 计调人员应认真阅读接待计划，对旅游团抵达的日期、时间和接站地点等，要亲自核实清楚。

(2) 计调人员发派团单时应注明以上详细内容，并提醒导游提前半小时到达接团地点。

五、误机、误车

(1) 计调人员给导游发派团单时，必须明确告知送团的时间、地点及交通。

(2) 车票或机票至少提前一天发给导游，并提醒导游提前到达。

(3) 了解误机、误车的真实原因后，短时间内与组团社或客人明确责任及费用的划分，并以书面形式留存依据。

(4) 争取把损失降到最低，乘下一航班、火车，或改乘其他交通工具，按原计划返回。若当天走不了，在划清责任后，由接待旅行社安排其暂留在当地。

(5) 客人因故没赶上飞机，导致地接社车辆空接，酒店白白预订，导游要立刻通知计调人员。如果客人机票能够改签并且在当天晚些时候到达，则计调人员要给酒店打电话，请酒店保留房间，并通知司机和导游新的接团时间。

六、旅游车坏在途中

(1) 与具有旅游经营资质的车队签订租车协议，做好详细周密的订车确认单。除详细行程外，还要明确车型、车龄、是否含高速费用，以及责任的划分和解决方法等。

(2) 计调人员在派旅游车辆时一定要派具有旅游经营资质的车辆。

(3) 在接团前，计调人员必须叮嘱司机提前检查车况。

(4) 如果旅游车辆在途中发生故障，计调人员应先做好导游情绪的稳定工作，让导游安抚游客，并带领游客去安全地方等待旅游车辆。查明原因后，计调人员立即与车队的领导沟通，商议解决办法。如果离出发地不远，应要求尽快再派一辆旅游车支援，以免耽误游客行程；如果旅游车辆在景区或用餐地点附近发生故障，可让导游带领游客步行或改乘其他交通工具前往景区或餐厅。

（5）若天气极冷导致车辆不能启动，应通知车队及时更换车辆，也可拨打车辆救援电话。

七、酒店房间不足

（1）及时与酒店确认房间。如因酒店超售导致房间不足，应坚持团队统一安排。如以其他酒店代替，则必须是和原酒店等级相等或更好的酒店。

（2）如因行车耽误不能按照预订时间抵达酒店，应提前联系并告知酒店工作人员抵达的大概时间，旺季时最好能提前拿到房号。

（3）给导游的派团单中应注明酒店全称、详细地址及电话。

八、同业社拖欠余款

（1）地接社在接团前须了解组团社的详细资料（包括组团社经营许可证号、营业执照、法人代表的信息、位置、座机电话、具体操作人名字及手机、邮箱、对公联系的QQ或微信等）。

（2）做团队确认单时，要注明责任的划分、违约赔偿条款、付款方式及余款结算时间。

（3）确认单上要有双方公章及团款汇到公对公账户或者财务银行卡的汇款凭证。

（4）地接社尽量不要接负团费、零团费以及压价到没有利润空间的团队。

（5）组团社在游客和地接社之间转接行程和接待标准时，不得虚报行程和接待标准。

（6）保存好旅行社之间的汇款凭证、发票、收据。

（7）出团前，计调人员应催收团款定金，收到定金后给其他环节预付定金。

（8）旅游团游览中，计调人员应关注旅游质量，有问题及时处理。

（9）旅游团离开前，计调人员应提醒导游让客人认真填写游客意见单，并且让领队及代表签字。

（10）最好在客人离开前收回余款。若组团社与地接社约定的是团回去后一周内结算余款，则财务要及时催缴，不宜拖延。

九、客人护照上有拒签记录

（1）仔细检查客人送签的资料，如有拒签记录，特别是现申请国家的拒签记录，应及时与客户联系，弄清拒签情况，将拒签原因写成书面说明。

（2）与签证处做好沟通，仔细研究具体情况。

（3）提醒客人提供证明自己经济实力的材料，给客人打预防针，提醒再次拒签的可能性。

十、客人的签证被拒签

（1）申请签证前应该有书面的材料请对方确认，最好在材料送交使馆前请客人或者组团社交齐签证费。

（2）仔细核对送交的签证材料，务必按照使馆要求整理，如有缺少请客人立即补齐。

（3）签证结果无非两种：获签或拒签。如果拒签，一般会在护照最后一页盖上使馆的印章签证。确切地说是受理章，即已经受理过一次申请，但没有发放签证。

（4）拒签的原因：第一，材料不齐。使馆为了尽量减少人为因素对签证的影响，明文规定了对申请材料的要求。如果申请材料不齐，一定会要求补齐材料或者直接拒签。第二，材料不真实。使馆在审查时，要求确认提交的材料真实，如果不真实，使馆将直接拒签。第三，出国目的不明确。申请人出国后可能从事与所申请签证内容不一致的活动，如持短期商务签证去探亲、到境外后滞留等。第四，签证官会考虑：申请人在国内的职位和收入太低，可能会被国外的工作机会所吸引；申请人太年轻，无牵无挂，滞留境外的可能性大；申请人家庭经济状况不好，境外的生活条件会对他有强大的吸引力等。

（5）一般见到拒签章，找出拒签原因不是一件易事，要通过推理、经验和常识判断，对今后的签证多少会有影响。找出原因，还可以补齐材料再送签。澳大利亚等国拒绝非移民签证的申请所给出的答复千篇一律：没有足够的证据证明你会返回你的国家。也就是通常所说的“有移民倾向”。这是一个令申请人摸不着头脑的答复。被拒签后，申请人应争取在两方面做足工作：一是准备更详尽的材料，同时附上一封反驳信，说明签证官的拒签决定是错误的；二是让境外邀请方或担保人去做使馆的工作。

思考及练习

1. 处理紧急事件的原则是什么？

2. 团队预订后，在机票已出的情况下，发生人员增加或人员减少应怎样处理？如果提出更换人可以吗？

3. 处理客人因病中途离团要注意哪些事项？

4. 如何防范护照遗失后的紧急情况处理？

5. 如何防止同业社拖欠团款？

附　录

附录一　航空公司代码

一、国内航空公司

中文名称	英文名称	两字代码	三字代码
中国国际航空公司	Air China	CA	CCA
中国南方航空公司	China Southern Airlines	CZ	CSN
西部航空公司	West Air	PN	CHB
东方航空公司	China Eastern Airlines	MU	CES
厦门航空公司	Xiamen Airlines	MF	CXA
山东航空公司	Shandong Airlines	SC	CDG
上海航空公司	Shanghai Airlines	FM	CSF
深圳航空公司	Shenzhen Airlines	ZH	CSJ
中国新华航空公司	China Xinhua Airlines	X2	CXH
云南航空公司	Yunnan Airlines	3Q	CYH
新疆航空公司	Xinjiang Airlines	UQ	CXJ
四川航空公司	Sichuan Airlines	3U	CSC
武汉航空公司	Wuhan Airlines	WU	CWU
贵州航空公司	Guizhou Airlines	G4	CGH
海南航空公司	Hainan Airlines	HU	CHH
南京航空公司	Nanjing Airlines	3W	CNJ
浙江航空公司	Zhejiang Airlines	ZJ	CJG
长城航空公司	Great Wall Airlines	G8	CGW
福建航空公司	Fujian Airlines	FJ	CFJ
长安航空公司	Air Changan	9H	CGN
长龙航空公司	Loong Air	GJ	CDC
首都航空公司	Beijing Capital Airlines	JD	CBJ
吉祥航空公司	Juneyao Airlines	HO	DKH
春秋航空公司	Spring Airlines	9C	CQH
天津航空公司	Tianjin Airlines	GS	GCR
华夏航空公司	China Express Airlines	G5	HXA

二、国际航空公司

中文名称	英文名称	两字代码	三字代码
港龙航空公司	Dragon Air	KA	HDA
大韩航空公司	Korean Air	KE	AKA
韩亚航空公司	Asiana Airlines	OZ	AAR
日本航空公司	Japan Airlines	JL	JAL
全日空公司	All Nippon Airways	NH	ANA
新加坡航空公司	Singapore Airlines	SQ	SIA
泰国国际航空公司	Thai Airways International	TG	THA
美国西北航空公司	Northwest Airlines	NW	NWA
加拿大国际航空公司	Canadian Airlines International	AC	ACA
美国联合航空公司	United Airlines	UA	UAL
英国航空公司	British Airways	BA	BAW
荷兰皇家航空公司	Royal Dutch Airlines	KL	KLM
德国汉莎航空公司	Lufthansa German Airlines	LH	DLH
法国航空公司	Air France	AF	AFR
瑞士航空公司	Swiss Air	LX	SWR
奥地利航空公司	Austrian Airlines	OS	AUA
俄罗斯国际航空公司	Aeroflot Russian International Airlines	SU	AFL
澳洲航空公司	Qantas Airways	QF	QFA
芬兰航空公司	Finnair Airlines	AY	FIN
意大利航空公司	Italia Airlines	AZ	AZA
斯堪的纳维亚（北欧）航空公司	Scandinavian Airlines	SK	SAS
文莱皇家航空公司	Royal Brunei Airlines	BI	RBA
印度尼西亚鹰航空公司	Garuda Indonesia Airlines	GA	GIA
新加坡胜安航空公司	Singapore Silk Air	MI	MMP
马来西亚航空公司	Malaysian Airlines	MH	MAS
埃塞俄比亚航空公司	Ethiopian Airlines	ET	RTH
美国长青国际航空公司	Evergreen International Airlines	EZ	EIA
波兰航空公司	LOT Polish Airlines	LO	LOT
罗马尼亚航空公司	TAROM Romanian Air Transport	RO	ROT
乌兹别克斯坦航空公司	Uzbekistan Airlines	HY	UZB
伏尔加第聂伯航空公司	Volga-Dnepr Airlines	VI	VDA
乌克兰航空公司	Air Ukraine	6U	UKR
哈萨克斯坦航空公司	Kazakhstan Airlines	K4	KXA
蒙古航空公司	MIAT Mongolian Airlines	OM	MGL
巴基斯坦国际航空公司	Pakistan International Airlines	PK	PIA
菲律宾航空公司	Philippine Airlines	PR	PAL
尼泊尔皇家航空公司	Royal Nepal Airlines	RA	RNA
伊朗航空公司	Iran Air	IR	IRA
日本佳速航空公司	Japan Air System	JD	JAS

续前表

中文名称	英文名称	两字代码	三字代码
高丽航空公司	Air Koryo	JS	KOR
以色列航空公司	EI AI Israel Airlines	LY	ELY
澳门航空公司	Air Macau	NX	AMU
缅甸国际航空公司	Myanmar Airways International	UB	UBA
越南航空公司	Vietnam Airlines	VN	HVN
国泰航空公司	Cathay Pacific Airways	CX	CPA
阿联酋航空公司	Emirates Airlines	EK	UA

附录二　机场三字代码

一、国内机场

三字代码	机场名字	省份	城市
AQG	天柱山机场	安徽	安庆
JUH	九华山机场	安徽	池州
FUG	西关机场	安徽	阜阳
HFE	新桥国际机场	安徽	合肥
TXN	屯溪机场	安徽	黄山
NAY	南苑机场	北京	北京
PEK	首都国际机场	北京	北京
FOC	长乐国际机场	福建	福州
JJN	晋江机场	福建	晋江
LCX	连城机场	福建	连城
WUS	武夷山机场	福建	武夷山
XMN	高崎国际机场	福建	厦门
CHW	酒泉机场	甘肃	酒泉
DNH	敦煌机场	甘肃	敦煌
IQN	西峰镇机场	甘肃	庆阳
JGN	嘉峪关机场	甘肃	嘉峪关
LHW	中川机场	甘肃	兰州
CAN	白云国际机场	广东	广州
FUO	沙堤机场	广东	佛山
MXZ	梅县机场	广东	梅县
SWA	揭阳潮汕机场	广东	揭阳/汕头
SZX	宝安国际机场	广东	深圳
ZHA	湛江机场	广东	湛江
ZUH	三灶机场	广东	珠海
BHY	福城机场	广西	北海

续前表

三字代码	机场名字	省份	城市
KWL	两江国际机场	广西	桂林
LZH	白莲机场	广西	柳州
NNG	吴圩机场	广西	南宁
WUZ	长洲岛机场	广西	梧州
AEB	田阳机场	广西	百色
ACX	兴义机场	贵州	兴义
KWE	龙洞堡机场	贵州	贵阳
TEN	大兴机场	贵州	铜仁
ZYI	遵义机场	贵州	遵义
HZH	黎平机场	贵州	黎平
AVA	黄果树机场	贵州	安顺
HAK	美兰国际机场	海南	海口
SYX	凤凰国际机场	海南	三亚
HDG	邯郸机场	河北	邯郸
SHP	山海关机场	河北	秦皇岛
SJW	正定机场	河北	石家庄
AYN	安阳机场	河南	安阳
CGO	新郑国际机场	河南	郑州
LYA	北郊机场	河南	洛阳
NNY	姜营机场	河南	南阳
DQA	萨尔图机场	黑龙江	大庆
HEK	黑河机场	黑龙江	黑河
HRB	太平国际机场	黑龙江	哈尔滨
JMU	东郊机场	黑龙江	佳木斯
MDG	海浪机场	黑龙江	牡丹江
NDG	三家子机场	黑龙江	齐齐哈尔
ENH	许家坪机场	湖北	恩施
WUH	天河国际机场	湖北	武汉
XFN	刘集机场	湖北	襄阳
YIH	三峡机场	湖北	宜昌
CGD	桃花源机场	湖南	常德
CSX	黄花国际机场	湖南	长沙
DYG	荷花机场	湖南	张家界
HJJ	芷江机场	湖南	芷江
LLF	零陵机场	湖南	永州
CGQ	龙嘉国际机场	吉林	长春
JIL	二台子机场	吉林	吉林
TNH	通化机场	吉林	通化
CZX	奔牛机场	江苏	常州
LYG	白塔埠机场	江苏	连云港

续前表

三字代码	机场名字	省份	城市
NKG	禄口国际机场	江苏	南京
NTG	兴东机场	江苏	南通
WUX	苏南硕放机场	江苏	无锡
XUZ	观音机场	江苏	徐州
YTY	扬州泰州机场	江苏	扬州
YNZ	南洋机场	江苏	盐城
SZV	光福机场	江苏	苏州
JDZ	罗家机场	江西	景德镇
JGS	井冈山机场	江西	井冈山
JIU	庐山机场	江西	九江
KHN	昌北机场	江西	南昌
KOW	黄金机场	江西	赣州
AOG	腾鳌机场	辽宁	鞍山
CHG	朝阳机场	辽宁	朝阳
CNI	大长山岛机场	辽宁	长海
DDG	浪头机场	辽宁	丹东
DLC	周水子国际机场	辽宁	大连
JNZ	小岭子机场	辽宁	锦州
SHE	桃仙国际机场	辽宁	沈阳
YNJ	朝阳川机场	辽宁	延吉
BAV	海兰泡机场	内蒙古	包头
CIF	土城子机场	内蒙古	赤峰
DSN	鄂尔多斯机场	内蒙古	鄂尔多斯
HET	白塔国际机场	内蒙古	呼和浩特
HLD	东山机场	内蒙古	海拉尔
HLH	乌兰浩特机场	内蒙古	乌兰浩特
NZH	西郊机场	内蒙古	满洲里
TGO	通辽机场	内蒙古	通辽
WUA	乌海机场	内蒙古	乌海
XIL	锡林浩特	内蒙古	锡林浩特
INC	河东机场	宁夏	银川
GOQ	格尔木机场	青海	格尔木
XNN	曹家堡机场	青海	西宁
DOY	永安机场	山东	东营
JNG	曲阜机场	山东	济宁
TAO	流亭国际机场	山东	青岛
TNA	遥墙国际机场	山东	济南
WEF	文登机场	山东	潍坊
WEH	大水泊机场	山东	威海
YNT	莱山机场	山东	烟台

续前表

三字代码	机场名字	省份	城市
CIH	王村机场	山西	长治
DAT	怀仁机场	山西	大同
LYI	临沂机场	山东	临沂
TYN	武宿机场	山西	太原
YCU	关公机场	山西	运城
AKA	五里铺机场	陕西	安康
ENY	二十里铺机场	陕西	延安
HZG	西关机场	陕西	汉中
UYN	西沙机场	陕西	榆林
XIY	咸阳国际机场	陕西	西安
PVG	浦东国际机场	上海	上海
SHA	虹桥国际机场	上海	上海
CTU	双流国际机场	四川	成都
DAX	河市霸机场	四川	达县
GNY	广元机场	四川	广元
JZH	黄龙机场	四川	九寨沟
LZO	萱田机场	四川	泸州
MIG	南郊机场	四川	绵阳
NAO	都尉坝机场	四川	南充
PZI	攀枝花机场	四川	攀枝花
WXN	万县机场	四川	万州
XIC	青山机场	四川	西昌
YBP	菜坝机场	四川	宜宾
TSN	滨海国际机场	天津	天津
BPX	昌都马草机场	西藏	昌都
LXA	贡嘎机场	西藏	拉萨
AKU	温宿机场	新疆	阿克苏
FYN	可可托托海机场	新疆	富蕴
HMI	哈密机场	新疆	哈密
HTN	和田机场	新疆	和田
IQM	且末机场	新疆	且末
KCA	库车机场	新疆	库车
KHG	喀什机场	新疆	喀什
KRL	库尔勒机场	新疆	库尔勒
KRY	克拉玛依机场	新疆	克拉玛依
TCG	塔城机场	新疆	塔城
URC	地窝堡国际机场	新疆	乌鲁木齐
YIN	伊宁机场	新疆	伊宁
BSD	保山机场	云南	保山
DIG	迪庆机场	云南	香格里拉

续前表

三字代码	机场名字	省份	城市
DLU	大理机场	云南	大理
JHG	景洪机场	云南	西双版纳
KMG	巫家坝国际机场	云南	昆明
LJG	丽江机场	云南	丽江
LNJ	临沧机场	云南	临沧
LUM	芒市机场	云南	芒市
SYM	思茅机场	云南	思茅
ZAT	昭通机场	云南	昭通
HGH	萧山国际机场	浙江	杭州
HSN	普陀山机场	浙江	舟山
HYN	路桥机场	浙江	台州
JUZ	衢州机场	浙江	衢州
NGB	栎社机场	浙江	宁波
WNZ	永强机场	浙江	温州
YIW	义乌机场	浙江	义乌
CKG	江北国际机场	重庆	重庆
HKG	香港国际机场	香港	香港
MFM	澳门国际机场	澳门	澳门

二、国际机场

三字代码	地区名称	所属国家或地区	三字代码	地区名称	所属国家或地区
ABD	阿巴丹	伊朗	LPA	拉斯帕尔马斯	加那利群岛
ABJ	阿比让	科特迪瓦	LPB	拉巴斯	玻利维亚
ACC	阿克拉	加纳	LPL	利物浦	英国
ADD	亚的斯亚贝巴	埃塞俄比亚	LUN	卢萨卡	赞比亚
ADE	亚丁	也门	LUX	卢森堡	卢森堡
ADL	阿德莱德	澳大利亚	LYS	里昂	法国
AKL	奥克兰	新西兰	MAA	马德拉斯	印度
ALG	阿尔及尔	阿尔及利亚	MAD	马德里	西班牙
AMM	安曼	约旦	MAN	曼彻斯特	英国
AMS	阿姆斯特丹	荷兰	MCT	马斯喀特	阿曼
ANC	安克雷奇	美国	MEL	墨尔本	澳大利亚
ANK	安卡拉	土耳其	MEX	墨西哥城	墨西哥
ASM	阿斯马拉	厄立特里亚	MFM	澳门	中国
ASU	亚松森	巴拉圭	MGQ	摩加迪沙	索马里
ATH	雅典	希腊	MIA	迈阿密	美国
AUH	阿布扎比	阿联酋	MIL	米兰	意大利
AWK	威克岛	美国	MKE	密尔沃基	美国
BAH	巴林	巴林	MLA	马耳他	马耳他
BCN	巴塞罗那	西班牙	MLW	蒙罗维亚	利比里亚
BEG	贝尔格莱德	塞尔维亚	MMA	马尔默	瑞典

续前表

三字代码	地区名称	所属国家或地区	三字代码	地区名称	所属国家或地区
BER	柏林	德国	MNL	马尼拉	菲律宾
BEY	贝鲁特	黎巴嫩	MOW	莫斯科	俄罗斯
BGF	班吉	中非	MPM	马普托	莫桑比克
BGI	巴巴多斯	巴巴多斯	MRS	马赛	法国
BGO	卑尔根	挪威	MRU	毛里求斯	毛里求斯
BGW	巴格达	伊拉克	MSP	明尼阿波利斯	美国
BHX	伯明翰	英国	MSR	明斯特	德国
BIO	毕尔巴鄂	西班牙	MUC	慕尼黑	德国
BJL	班珠尔	冈比亚	MVD	蒙德维的亚	乌拉圭
BJM	布琼布拉	布隆迪	MXP	米兰	意大利
BKK	曼谷	泰国	NAN	那迪	斐济
BKO	巴马科	马里	NAP	那不勒斯	意大利
BMJ	波恩	德国	NBO	内罗毕	肯尼亚
BOD	波尔多	法国	NCE	尼斯	法国
BOM	孟买	印度	NCL	纽卡斯尔	英国
BOS	波士顿	美国	NDB	努瓦蒂波	毛里塔尼亚
BRE	不来梅	德国	NDJ	恩贾梅纳	乍得
BRN	伯尔尼	瑞士	NGO	名古屋	日本
BRU	布鲁塞尔	比利时	NIC	尼科西亚	塞浦路斯
BSB	巴西利亚	巴西	NIK	诺福克岛	美国
BSL	巴塞尔	瑞士	NIM	尼亚美	尼日尔
BUD	布达佩斯	匈牙利	NKC	努瓦克肖特	毛里塔尼亚
BUE	布宜诺斯艾利斯	阿根廷	NLA	恩多拉	赞比亚
BUH	布加勒斯特	罗马尼亚	NOU	努美阿	新喀里多尼亚
BWN	斯里巴加湾	文莱	NTE	南特	法国
BXO	比绍	几内亚比绍	NUE	纽伦堡	德国
BZV	布拉柴维尔	刚果（布）	NYC	纽约	美国
CAI	开罗	埃及	OKA	冲绳	日本
CMN	卡萨布兰卡	摩洛哥	ORY	奥雷	法国
CBR	堪培拉	澳大利亚	OSA	大阪	日本
CCS	加拉加斯	委内瑞拉	OSL	奥斯陆	挪威
CCU	加尔各答	印度	OUA	瓦加杜古	布基纳法索
CGN	科隆	德国	OVB	新西伯利亚	俄罗斯
CGO	科托努	贝宁	PAR	巴黎	法国
CHC	克赖斯特彻奇	新西兰	PEI	佩雷拉	哥伦比亚
CHI	芝加哥	美国	PEN	槟榔屿	马来西亚
CJU	济州	韩国	PER	佩思	澳大利亚
CKY	科纳克里	几内亚	PFN	巴拿马城	巴拿马
CMB	科伦坡	斯里兰卡	PHL	费城	美国
CPH	哥本哈根	丹麦	PNH	金边	柬埔寨

续前表

三字代码	地区名称	所属国家或地区	三字代码	地区名称	所属国家或地区
CPT	开普敦	南非	POM	莫尔兹比港	巴布亚新几内亚
CUA	危地马拉城	危地马拉	POS	西班牙港	特立尼达和多巴哥
DAC	达卡	孟加拉国	PRG	布拉格	捷克
DAM	大马士革	叙利亚	PSA	比萨	意大利
DAR	达累斯萨达姆	坦桑尼亚	PUS	釜山	韩国
DEL	新德里	印度	RBA	拉巴特	摩洛哥
DEN	丹佛	美国	REK	雷克雅未克	冰岛
DFW	达拉斯	美国	RGN	仰光	缅甸
DHA	达曼	沙特阿拉伯	RIO	里约热内卢	巴西
DKR	达喀尔	塞内加尔	ROM	罗马	意大利
DLA	杜阿拉	喀麦隆	RTM	鹿特丹	荷兰
DOH	多哈	卡塔尔	RWP	拉瓦尔品第	巴基斯坦
DRW	达尔文	澳大利亚	SAH	萨那	也门
DTM	多特蒙德	德国	SAL	圣萨尔瓦多	萨尔瓦多
DTT	底特律	美国	SAO	圣保罗	巴西
DXB	迪拜	阿联酋	SBY	索尔兹伯里	津巴布韦
FIH	金沙萨	刚果（金）	SCL	圣地亚哥	智利
FLR	佛罗伦萨	意大利	SCN	萨尔布吕肯	德国
FNA	弗里敦	塞拉利昂	SEA	西雅图	美国
FNJ	平壤	朝鲜	SEL	首尔	韩国
FRA	法兰克福	德国	SEZ	塞舌尔	塞舌尔群岛
FUK	福冈	日本	SFO	圣弗朗西斯科	美国
GEO	乔治敦	圭亚那	SGN	胡志明市	越南
GLA	格拉斯哥	英国	SHJ	加沙	阿联酋
GOA	热那亚	意大利	SIN	新加坡	新加坡
GVA	日内瓦	瑞士	SJO	圣何塞	哥斯达黎加
GYE	瓜亚基尔	厄瓜多尔	SJU	圣胡安	阿根廷
HAJ	汉诺威	德国	SOF	索非亚	保加利亚
HAM	汉堡	德国	SPN	塞班岛	马里亚纳群岛
HAN	河内	越南	STO	斯德哥尔摩	瑞典
HAV	哈瓦那	古巴	STR	斯图加特	德国
HEL	赫尔辛基	芬兰	SUV	苏瓦	斐济
HKG	香港	中国	SXB	斯特拉斯堡	法国
HNL	夏威夷	美国	SXF	柏林	德国
HOU	休斯敦	美国	SYD	悉尼	澳大利亚
ICN	首尔	韩国	SZG	萨尔茨堡	奥地利
IKA	德黑兰	伊朗	TAI	塔伊兹	也门
IKT	伊尔库茨克	俄罗斯	THR	德黑兰	伊朗
ISB	伊斯兰堡	巴基斯坦	TIA	地拉那	阿尔巴尼亚
IST	伊斯坦布尔	土耳其	TIP	的黎波里	利比亚

续前表

三字代码	地区名称	所属国家或地区	三字代码	地区名称	所属国家或地区
IZM	伊兹密尔	土耳其	TPE	台北	中国
JED	吉达	沙特阿拉伯	UKB	神户	日本
JKT	雅加达	印度尼西亚	UIO	基多	厄瓜多尔
JNB	约翰内斯堡	南非	ULN	乌兰巴托	蒙古
KBL	喀布尔	阿富汗	AAL	奥尔堡	丹麦
KGL	基加利	卢旺达	VCE	威尼斯	意大利
KHH	高雄	中国	VIE	维也纳	奥地利
KHI	卡拉奇	巴基斯坦	VTE	万象	老挝
KHV	哈巴罗夫斯克	俄罗斯	WAS	华盛顿	美国
KIN	金斯敦	牙买加	WAW	华沙	波兰
KRT	喀土穆	苏丹	WLG	惠灵顿	澳大利亚
KTM	加德满都	尼泊尔	YAO	雅温得	喀麦隆
KUL	吉隆坡	马来西亚	YHZ	哈利法克斯	加拿大
KWI	科威特	科威特	YOW	渥太华	加拿大
LAD	罗安达	安哥拉	YQB	魁北克	加拿大
LAX	洛杉矶	美国	YUL	蒙特利尔	加拿大
LBV	利伯维尔	加蓬	YVA	莫罗尼	科摩罗
LED	圣彼得堡	俄罗斯	YVR	温哥华	加拿大
LFW	洛美	多哥	YWG	温尼伯格	加拿大
LHE	拉合尔	巴基斯坦	YYC	卡尔加里	加拿大
LIM	利马	秘鲁	YYZ	多伦多	加拿大
LIS	里斯本	葡萄牙	ZAD	扎达尔	克罗地亚
LNZ	林茨	奥地利	ZAG	萨格勒布	波黑
LON	伦敦	英国	ZNZ	桑给巴尔	坦桑尼亚
LOS	拉各斯	尼日利亚	ZRH	苏黎世	瑞士

附录三 廉价航空公司

美洲

* 西南航空（Southwest Airlines）（美国）
* 捷蓝航空（JetBlue Airways）（美国）
* 空中运输航空（Airtrans Group）（美国）
* 全美航空（U. S. Airways）（美国）
* 泰德航空（Ted Airlines）（美国）
* 西捷航空（West Jet Airlines）（加拿大）
* 祖恩航空（Zoom Airlines）（加拿大）

亚洲

* 中国联合航空（China United Airlines）（中国）
* 捷星亚洲航空（Jetstar Asia Airways）（新加坡）
* 欣丰虎航（Tiger Airways）（新加坡）
* 亚洲航空（AirAsia）（马来西亚）
* 雄狮航空（Lion Air）（印度尼西亚）
* 宿雾太平洋航空（Cebu Pacific Air）（菲律宾）
* 春秋航空（Spring Airlines）（中国）
* 香港航空（Hong Kong Airlines）（中国）
* 非凡航空（Viva Macau Airlines）（中国）
* 北海道国际航空（Hokkaido International Airlines）（日本）
* 天马航空（Skymark Airlines）（日本）
* 翠鸟航空（Kingfisher Airlines）（印度）
* 德干航空（Air Deccan）（印度）
* 靛蓝航空（IndiGo Airlines）（印度）
* 香料航空（Spice Jet Airlines）（印度）

大洋洲

* 捷星航空（Jetstar Airways）（澳大利亚）
* 维珍蓝航空（Virgin Blue Airlines）（澳大利亚）

欧洲

* 瑞安航空（Ryan Air）（爱尔兰）
* 易捷航空（EasyJet Airlines）（英国）
* BmiBaby（英国）
* Flybe（英国）
* MyTravelLite（英国）
* Jet2（英国）
* 伏林航空（Vueling Airlines）（西班牙）
* 柏林航空（Air Berlin）（德国）
* Wizz Air（匈牙利）
* FlyMe（瑞典）
* 挪威穿梭航空（Norwegian Air Shuttle）（挪威）
* 德国之翼航空（Germanwings）（德国）
* 中央之翼航空（Centralwings）（波兰）

参考文献

[1] 王宁等．长江三峡库区内河游轮经济发展战略研究．成都：西南交通大学出版社，2010.

[2] 吕江泉．邮轮旅游实务．台北：新学林出版社股份有限公司，2015.

[3] 黄韶颜，倪维亚，徐韵淑．民宿经营与管理．台北：五南图书出版股份有限公司，2013.

[4] 余晓玲，张惠文，杨明青．旅游规划与设计．台北：新文京开发出版股份有限公司，2011.

[5] 陈瑞伦．游程规划与成本分析．台北：杨智文化事业股份有限公司，2011.

[6] 潘任荣．旅游行程规划．台北：前程文化事业有限公司，2011.

[7] 陈干康，阙敏．旅行社计调与外联业务．北京：中国人民大学出版社，2016.

[8] 韩玉灵，旅游法教程．北京：高等教育出版社，2010.

[9] 张道顺．旅行社产品设计与操作手册．北京：旅游教育出版社，2012.

[10] 营运客车类型划分及等级评定（JT/T 325—2013）．北京：中华人民共和国交通部，2013.

[11] 旅游业基础术语（GB/T 16766—2010）．北京：中华人民共和国国家质量监督检验检疫总局，2010.

[12] 旅行社服务通则（GB/T 31385—2015）．北京：中华人民共和国国家质量监督检验检疫总局，2015.

[13] 旅行社出境旅游服务规范（GB/T 31386—2011）．北京：中华人民共和国国家质量监督检验检疫总局，2011.

[14] 旅行社入境旅游服务规范（LB/T 009—2011）．北京：国家旅游局，2011.

[15] 旅行社国内旅游服务规范（LB/T 004—2013）．北京：国家旅游局，2013.

[16] 旅行社行前说明服务规范（LB/T 040—2015）．北京：国家旅游局，2015.

[17] 旅行社安全规范（LB/T 028—2013）．北京：国家旅游局，2013.

[18] 文化主题旅游酒店基本要求与评价（LB/T 064—2017）．北京：国家旅游局，2017.

[19] 旅游民宿基本要求与评价（LB/T 065—2017）. 北京：国家旅游局，2017.
[20] 精品旅游酒店（LB/T 066—2017）. 北京：国家旅游局，2017.
[21] 旅行社计调业务工作规范（DB3301/T 0176—2016）. 杭州：杭州市质量技术监督局，2016.
[22] 中国民用航空局. http://www.caac.gov.cn
[23] 中国航空旅游网. http://www.cnair.com
[24] 中国铁路客户服务中心. http://www.12306.cn
[25] 中华人民共和国外交部. http://www.mfa.gov.cn
[26] 中国领事服务网. http://cs.mfa.gov.cn
[27] 公安部出入境管理局. http://www.mps.gov.cn
[28] 中国人大网. http://www.npc.gov.cn

图书在版编目（CIP）数据

旅游行程规划：旅行社计调业务实训教程/边喜英编著．—北京：中国人民大学出版社，2018.8
21 世纪高职高专规划教材·旅游管理系列
ISBN 978-7-300-25980-2

Ⅰ.①旅… Ⅱ.①边… Ⅲ.①旅行路线-设计-高等职业教育-教材 Ⅳ.①F590.63

中国版本图书馆 CIP 数据核字（2018）第 151956 号

高等职业教育“十三五”规划精品系列教材
21 世纪高职高专规划教材·旅游管理系列
旅游行程规划——旅行社计调业务实训教程
边喜英　编著
Lüyou Xingcheng Guihua——Lǚxingshe Jidiao Yewu Shixun Jiaocheng

出版发行	中国人民大学出版社		
社　　址	北京中关村大街 31 号	**邮政编码**	100080
电　　话	010－62511242（总编室）		010－62511770（质管部）
	010－82501766（邮购部）		010－62514148（门市部）
	010－62515195（发行公司）		010－62515275（盗版举报）
网　　址	http://www.crup.com.cn		
	http://www.ttrnet.com(人大教研网)		
经　　销	新华书店		
印　　刷	北京玺诚印务有限公司		
规　　格	185 mm×260 mm　16 开本	**版　　次**	2018 年 8 月第 1 版
印　　张	12.75 插页 1	**印　　次**	2021 年 7 月第 3 次印刷
字　　数	229 000	**定　　价**	30.00 元

信息反馈表

尊敬的老师：

您好！为了更好地为您的教学、科研服务，我们希望通过这张反馈表来获取您更多的建议和意见，以进一步完善我们的工作。

请您填好下表后以电子邮件、信件或传真的形式反馈给我们，十分感谢！

一、您使用的我社教材情况

您使用的我社教材名称			
您所讲授的课程		学生人数	
您希望获得哪些相关教学资源			
您对本书有哪些建议			

二、您目前使用的教材及计划编写的教材

您目前使用的教材	书名	作者	出版社
您计划编写的教材	书名	预计交稿时间	本校开课学生数量

三、请留下您的联系方式，以便我们为您赠送样书（限1本）

您的通信地址			
您的姓名		联系电话	
电子邮箱（必填）			

我们的联系方式：

地　址：苏州工业园区仁爱路158号中国人民大学苏州校区修远楼

电　话：0512-68839320　　传　真：0512-68839316

E-mail：huadong@crup.com.cn　　邮　编：215123

网　址：www.crup.com.cn